森田裕之
Morita Hiroyuki

ドゥルーズ＝ガタリ『アンチ・オイディプス』を読む

作品社

ドゥルーズ＝ガタリ『アンチ・オイディプス』を読む／目次

ドゥルーズ＝ガタリ『アンチ・オイディプス』を読む

はじめに

先に出版した拙著『ドゥルーズ『差異と反復』を読む』（二〇一九年）では、フランスの哲学者ジル・ドゥルーズ（一九二五―一九九五年）の著作のなかで最重要と目される『差異と反復』（一九六八年）を読み解くことを試みた。『差異と反復』で展開された先験的経験論（＝超越論的経験論）という理論は、われわれの認識のプロセスを、自然科学のように実験や観察によってではなく、純粋な論理的思考をたよりにして解明する認識理論だと捉え、『差異と反復』の議論をパラフレーズしつつ、その先験的経験論を図式的かつ体系的に描き出そうとしたのだった。そうした試みは、幸いにも多くの読者に迎えられた。

この『ドゥルーズ『差異と反復』を読む』を引き継ぎ、その続編となるのが、本書『ドゥルーズ＝ガタリ『アンチ・オイディプス』を読む』である。その本書は、タイトルが明瞭に示すように、フランスの精神分析家フェリックス・ガタリ（一九三〇―一九九二年）と共同して執筆されたドゥルーズのもう一つの主著『アンチ・オイディプス』（一九七二年）を読解することを目指す。ドイツの哲学者イマヌエル・カント（一七二四―一八〇四年）以来の近現代哲学を支配している観念論とは異なった唯物論という新たな哲学的思惟を構築することこそが、『アンチ・オイディプス』の企てなのだと見極め、『アンチ・オイディプス』での議論をパラフレーズしながら、その唯物論を図式的かつ体系的に構築し直そうとするのが、本書なのである。

そのとき、本書『ドゥルーズ＝ガタリ『アンチ・オイディプス』を読む』は、前著『ドゥルーズ『差異と反復』を読む』の執筆方針を踏襲することにした。ドゥルーズの著作のどれを手にとりひもといてみても、そこには難解な思想が一面に繰り広げられており、『アンチ・オイディプス』もその例外ではない。

実際、『アンチ・オイディプス』を読み始めるとすぐに、欲望機械、欲望的生産、器官なき身体といった得体の知れない奇妙な諸概念が、詳細な説明なしに唐突に登場してきて、ドゥルーズの哲学に不案内な読者なら、それらをどう理解してよいものかと戸惑うにちがいない。そうした戸惑いにも負けず我慢して頁をめくり読み進めていっても、その諸概念は、その意味が判然とするどころか、社会機械や社会的生産といった諸概念と密接に絡み合うことで謎はいっそう深まるばかりであり、ついには読者は途方に暮れてしまい、第一章を読み終えることすらできないのではないだろうか。

このように、『アンチ・オイディプス』は、ドゥルーズの哲学に関心をよせつつも、これまで触れたことがない読者からのアクセスをこばむほどに難解だからこそ、本書は『アンチ・オイディプス』の内容を、そのような読者であっても理解することができるような仕方で語り直さなければならない。そのために、前著と同じように、可能なかぎり図式的かつ体系的に語り直すことに努めた。本書には、執拗に繰り返され反復される冗長な箇所が散見されるかもしれないが、それは、図式的かつ体系的な論述を構成するためにはどうあっても必要なことであり、いわば、本書の語り直しが図式的かつ体系的であることの証を形成しているのである。

ドゥルーズのどの著作も、極度に圧縮された高密度の思考そのものとしての文章の緊密な連鎖として構成されている。そうした文章の緊密な連鎖から引きはがされ取り出された単一の文章を、ドゥルーズに精通していない読者が読んでその意味を把握することはできないように思われる。それゆえ、前著では、かりに『差異と反復』から引用したとしても、その引用文は、ドゥルーズの哲学に精通していない読者にとっては意味を形作らず、そうした読者が先験的経験論を理解することにはほとんど寄与しないと考えられるので、『差異と反復』からの引用をあえておこなわなかった。

また、先験的経験論は哲学史上の数多くの哲学者の理論を参照項として造形されており、『差異と反復』には固有名詞が満ち溢れている。しかし、何よりも先験的経験論それ自体の綿密な理解を目的とする前著においては、先験的経験論の造形のさいの参照項を提示し、参照項をなす理論を解説すれば、論述をかえって複雑で煩瑣なものにしてしまう恐れがあることから、そのような提示と解説はおこなわなかった。たとえば、ドイツの哲学者フリードリヒ・ニーチェ（一八四四－一九〇〇年）の永遠回帰論は、先験的経験論の造形にさいして重要な参照項の一つであるがゆえに、そのことを的確に指摘して永遠回帰論を詳しく説明することは、一定の意義があるにちがいない。だが、前著では、先験的経験論そのものの綿密な理解を最優先にしたために、ニーチェの永遠回帰論には触れなかった。

したがって、『差異と反復』から引用したり、『差異と反復』の参照項に触れたりして論述を展開するかわりに、『差異と反復』の文章全体を完全にパラフレーズすることによって構成されたのが、『ドゥルーズ『差異と反復』を読む』であった。本書もそれと同様に、『アンチ・オイディプス』の文章全体を完全にパラフレーズすることを試みた。その意味でいえば、本書『ドゥルーズ＝ガタリ『アンチ・オイディプス』を読む』が目論むのは、『アンチ・オイディプス』において構築された唯物論をあらためていちから構築し直すことにほかならない。

とはいえ、このようにドゥルーズの哲学を「図式的かつ体系的」な理論として「完全にパラフレーズ」することについては、とりわけドゥルーズを専門とする研究者から批判の声が上がることが予想される。自分の読み方とは違い、訳がわからないという幼稚な批判は、相手にしないとしても、意味のある批判の一つとして考えられるのは、一般の読者をよせつけないほどに難解であるところに価値が見出されるドゥルーズの哲学を、不当にも平易な理論へと還元し格下げしてしまったとの批判である。

たしかにそういう側面があるかもしれないが、本書はこれからドゥルーズの哲学を学びたい読者や学ぶことに挫折した読者にも理解可能なように、わかりやすさに重きを置いた。そうした読者が、本書で得た

『アンチ・オイディプス』に対する図式的かつ体系的な理解にもとづいて、自分自身で『アンチ・オイディプス』に果敢に挑戦することで、その閉じた図式的な体系からいくつもの逃走線を自由に引き、その体系を創造的に開いていくこと、このことが、本書が最終的に目指す地点なのである。

以上において本書の意図を確認したからには、さっそく『アンチ・オイディプス』の世界へと足を踏み入れることにしよう。

序章　『アンチ・オイディプス』の主題と構成

『アンチ・オイディプス』の主題は何か

ドゥルーズ（Gilles Deleuze, 1925-1995）とガタリ（Pierre-Félix Guattari, 1930-1992）（以下、「ドゥルーズとガタリ」を「ドゥルーズ＝ガタリ」と表記する）の主著の一つとして位置づけられる『アンチ・オイディプス』[1]、その『アンチ・オイディプス』で取り上げられ論じられる主題は、いったい何だろうか。『アンチ・オイディプス』という書物は、そもそも何を目的として書かれたのか。そして、われわれは『アンチ・オイディプス』という書物をどのように読んだらよいのだろうか。

次章以降において、『アンチ・オイディプス』でのドゥルーズ＝ガタリの議論の流れをつぶさにたどっていくための準備段階として、あらかじめ先行的にこうした問いについて考えをめぐらしておくことは、どうしても必要不可欠なことである。『アンチ・オイディプス』の主題に向けられた問いに真摯に向き合うことを抜きにしては、『アンチ・オイディプス』で展開された論考に対する十分な理解は、ほとんど期待することができないからである。そこで、『アンチ・オイディプス』の主題に関わる考察を、本章が取り組むべき課題として設定することにしよう。

まずは、書物のタイトルからその主題の見当をつけるというのが定石だろう。その定石を踏めば、『アンチ・オイディプス』はそのタイトルから、フロイト（Sigmund Freud, 1856-1939）によって創始された精神分析と、その精神分析の実践の過程のなかで発見されたオイディプス・コンプレックスとを批判する書なのではないかと強く推測される。また、『アンチ・オイディプス』のタイトルのわきには、「資本主義とスキゾフレニー（capitalisme et schizophrénie）」[2]というサブタイトルが添えられている。このサブタイトルが示唆するのは、『アンチ・オイディプス』における論述が、マルクス（Karl Marx, 1818-1883）によって緻密に分析された資本主義と、その資本主義から逸脱していくスキゾフレニーとに関して展開されるにちがいないということである。

このようなタイトルとサブタイトルから見込まれ推定される『アンチ・オイディプス』の主題は、実際にドゥルーズが『アンチ・オイディプス』について語った次の言葉によってより明瞭な形で示される。「『アンチ・オイディプス』に二つの面があるのはたしかですよ。第一にオイディプスと精神分析に対する批判。第二に資本主義そのものと、スキゾフレニーに対する資本主義の関係とを究明すること。ところが第一の局面は第二の局面に対して緊密な従属関係に置かれているのです[3]」。

このドゥルーズの言葉にしたがうと、オイディプス・コンプレックスを見出す精神分析を批判することをとおして、資本主義とそのスキゾフレニーに対する関係とを究明すること、これこそが『アンチ・オイディプス』の主題を形成していると考えられる。そして、『アンチ・オイディプス』を、このような主題をもった書として読もうとするこれまでの試みは、正しい読解の仕方であるとポジティブに評価して何ら問題はないし、『アンチ・オイディプス』はこれからも、それと同様に読まれるべきであるのは、もちろんのことである。なぜならば、『アンチ・オイディプス』の著者の一人であるドゥルーズ本人が、自身の著作をまさにそのように規定しているからである。

だが、『アンチ・オイディプス』のこの主題は、理論的な視座から以下のように読み替えることが可能ではないだろうか。それは、オイディプス・コンプレックスという概念を中心とした精神分析理論を批判的に捉えることをとおして、資本主義とスキゾフレニーをめぐる理論を構築することである。とはいえ、どうしてことさらにそのように読み替える必要があるのか。そのわけは、前述した『アンチ・オイディプス』の読み方をオーソドックスなものと認めた上で、それとは別の新しい読み方、すなわち『アンチ・オイディプス』を、読み替えられた主題をもった書として読み解く新たな読み方を提起することができるからである。さらに、そのことによって、『アンチ・オイディプス』が、多様な読解の仕方の可能性に開かれた多義的で豊饒なテクストであることを示すことがかなうからだ。

以上に言及した理由から、本書では、『アンチ・オイディプス』の主題を、精神分析理論を批判的に捉えることをとおして、資本主義とスキゾフレニーをめぐる理論を構築することとしてさしあたり暫定的に把握することにしたい。それにしても、このように把握された主題は、何を意味するのだろうか。この問題に焦点を当てて考察することは、『アンチ・オイディプス』の主題に関する理解をいっそう深めるばかりではなく、『アンチ・オイディプス』の論考全体を概略的にスケッチすることにもつながるはずである。しかしながら、そのためには、一時『アンチ・オイディプス』に直接関連する考察から離れて、われわれが慣れ親しんだ、認識に関する常識的な見方を反省することから出発しなければならないだろう。

認識に関する常識的な見方である素朴実在論とそれに対する批判

われわれの認識に関する常識的な見方によると、私(=認識する主体としての自我)とは無関係に独立している客観的な事物が存在しており、私はそうした事物と対峙している。このように、事物は私とは無関係に独立しているので、かりに私が存在しなくなっても、私の不在というただそれだけの理由で、その事物の存在が揺らいでしまうことはありえない。また、これとは逆もいえるのであり、私の存在は、たとえ事物が失われるとしても、その事物の不在から影響を被ることは断じてない。

この私とは無関係に独立して存在する事物を、私は認識する。このとき、認識内容は事物と一致するとされる。[▼4] 認識とは忠実に模写することであり、私が認識した認識内容としての内界のとおりに、事物としての外界が客観的に存在するというわけである。

このように、私は事物から独立してそれ自体として存在し、それと同時に、事物は私から独立してそれ自体として存在しており、このあらかじめ存在する両者のあいだに、認識という関係が事後的に付け加わる。私から独立してそれ自体として存在する事物としての実在を認め、それを私が認識した結果として得られる認識内容は、その実在と一致するとされるこうした常識的な考え方は、一般に「素朴実在論」という言葉によって指示されている。

とはいえ、常識的と目される素朴実在論は、妥当性をもったものの見方といえるのだろうか。素朴実在論はなるほど、私とは無関係に独立して存在する事物に対する私の認識内容と、その事物とが一致すると主張する。しかしながら、私は、両者が一致することをどうやって確認することができるのか。

私が事物をそのものとして即自的にダイレクトに把握することなどは、とうてい不可能であるように思われる。それというのも、私が事物を捉えようとするときには認識するほかはなく、その認識は事物を認識内容として捉えることだからである。要するに、私は事物を認識内容としてしか把握することができないからだ。こうした認識内容の把握とは別に、事物そのものの即自的でダイレクトな把握が可能であるためには、認識によらずに対象に直接アクセスできる超能力でももっていなければならないが、残念ながらそのような常軌を逸した超能力は、私にはない。そのため、事物についての認識内容と事物そのものとを見比べて、両者が一致することを確認する術は、私にはないのである。

さらに、単にそのことに尽きるものではない。だいたい、私は認識内容しか認識することができないのだから、自分自身とは無関係に独立して事物が存在すると、確信をもっていいきることはできない道理である。私が確実に存在すると断言することができるのは、自分自身である私と認識内容だけである。素朴実在論は、私とは無関係に独立している事物が存在すると、疑いなく信じているがゆえに間違っているのである。[5]

素朴実在論の批判から導き出される観念論とそれを本質とする精神分析理論

このように、素朴実在論の欠点を突いて非難することで、素朴実在論を失効に追い込むならば、もとより存在するのは、私自身と、その私自身が認識している認識内容にすぎないのであり、私とは無関係に独立している事物などは存在しないと考えるほかに道はなくなる。そのさい、認識内容は、認識主体である私が認識しているものという意味で私への現れであって、認識内容が存在すれば、必ず私も存在するはずである。したがって、もし私が存在しなくなれば、認識内容も失われなくなってしまう。[6] これが意味するのは、認識内容の存在は私の存在に全面的に依存しもとづいているということである。

また、その反対もいうことができる。認識内容をもたない私を考えることは不可能であり、私が存在すれば、必ず認識内容も存在するはずである。それゆえに、認識内容がなくなれば、私も失われ存在することができなくなる。[7] このことは、私の存在は認識内容の存在に全面的に依存しもとづいていることを意味する。

だから、私と認識内容とはお互いに独立し、おのおのがそれ自体として存在するというわけではない。そうではなくて、私と認識内容のうちで、一方の項は他方の項の存在を抜きにしては存在することができないのであり、一方の項は他方の項にもとづき、両者は密接に関係している。この私と認識内容がお互いに基礎づけ合い、相互に関係し合っていることを別様のいい方で表現すると、相関という関係が何よりも最初に来るものであり、その関係のもとで、私と認識内容とがたしかな存在を得るのだ。

私から独立してそれ自体として存在する事物としての実在を認めず、存在するのは私と認識内容としての観念のみであり、その両者が相関しているとするこのような考え方を「観念論」と呼ぶことにしよう。[8]リオタール（Jean-François Lyotard, 1924-1998）やドゥルーズやデリダ（Jacques Derrida, 1930-2004）らを筆頭とするポスト構造主義の後で、思弁的唯物論という注目に値する思想を打ち出しているフランスの哲学者メイヤスー（Quentin Meillassoux, 1967-）の『有限性の後で』[9]での考察に依拠するならば、素朴実在論の立場をとらないカント（Immanuel Kant, 1724-1804）以来の近現代哲学は、こうした観念論にほかならないと考えることができる。[10]

そのメイヤスーの議論をパラフレーズすると、観念論に関わる基本理論を提示したのは、カントである。それは、私と認識内容が相関しており、認識内容を単なる夢や幻と区別するために、認識内容の基体として、私から独立している物自体を仮定し（認識内容は物自体の現れとされる）、私はその物自体を認識することが不可能であるが思考することは可能であるとする捉え方である。[11]

この基本理論は、二つの方向に分岐し発展することになる。私と認識内容が相関しており、認識内容の基体として仮定された物自体を消去する立場が、基本理論からの第一の発展型である。そうした立場を代表する哲学者として、ヘーゲル（Georg Wilhelm Friedrich Hegel, 1770-1831）とニーチェ（Friedrich Wilhelm Nietzsche, 1844-1900）の名を挙げることができる。そのニーチェは、こう断言してみせる。「ひとは、物自体がどのような性質のものであるかを知りたがるが、ところが、物自体なるものはなんらない！」[12]。

基本理論からの第二の発展型は、私と認識内容が相関しており、認識内容の基体として仮定された物自体を、私は認識することも思考することも不可能であるとする立場である。ウィトゲンシュタイン（Ludwig Josef Johann Wittgenstein, 1889-1951）とハイデガー（Martin Heidegger, 1889-1976）が、その立場を代表する哲学者である。このように物自体を認識することも思考することも不可能であるということは、「神秘とは、世界がいかにあるかではなく、世界があるというそのことである」[13]というウィトゲンシュタインの言葉によって端的に表明される。

このようなカントの基本理論とその二つの発展型とに共通する本質的な考え方とは、何だろうか。それは、私から独立してそれ自体として存在する事物（＝実在）を認めず、私と認識内容（＝観念）が相関しているとする考え方、すなわち観念論であると見てとることができよう。そのため、カントの基本理論からその二つの発展型へと展開されるカント以降の哲学的思惟は、観念論によって貫かれているのであり、その意味で観念論こそが、カント以降の哲学的思惟を支配しているのだ。

だが、観念論をもつのは、カントの基本理論とその二つの発展型ばかりではない。フロイトに端を発する精神分析（＝無意識の心的過程を解明する探求方法と、その探求にもとづいた精神療法）の実践から得られた経験を説明するために形成された心理学理論である精神分析理論は、自由連想や夢を、抑圧され無意識化された感情や欲求の変形された表出として考える。このとき、精神分析理論を、カントの基本理論（＝私と相関している認識内容の基体として、認識不可能である物自体を仮定するという考え方）にもとづいて、私と相関している認識内容から区別された自由連想や夢の基体として、抑圧され無意識化された感情や欲求を、抑圧され無意識化された感情や欲求を、抑圧され無意識化された感情や欲求を仮定するという考え方として捉え直すことで、カントの基本理論からの第三の発展型と見定めることができる。そうすると、精神分析理論の本質的な考え方は、まぎれもなく観念論ということになる。

そして、カントの基本理論からの第一の発展型と第二の発展型とは、現代哲学の源流を形作り、その現代哲学の源流のなかに、第三の発展型である精神分析理論を位置づけることができる。それというのも、精神分析理論は、後にあのラカン（Jacques-Marie-Émile Lacan, 1901-1981）によって継承され発展させられることになるからである。

精神分析理論の成立に先立つ唯物論という原理論を構築するという主題

それにしても、このように素朴実在論に対する根本的な批判から導き出された観念論という考え方を前にするとき、以下のような素朴な問いが、おのずから頭に思い浮かぶのではなかろうか。「観念論は何を条件として成立するのだろうか」という問いが、それである。

こうした観念論の成立の根拠への問いに対する答えは、次のように用意することができるのではないだろうか。私から独立してそれ自体として存在する事物を認めず、私と認識内容が相関しているとする考え方のことを「観念論」と呼ぶのに対して、私を欠いた物たちが存在するとする考え方を「唯物論」と名づけるとすれば、観念論の成立の根拠として想定されるのは、唯物論であると考えられる。つまり、何よりもまず、私を欠いた物たちが存在するとする考え方が前提としてあり、そのような考え方をもとにして、私が新たに立ち現れると同時に、その私と密接に関係している認識内容が物たちに取って代わることで、（私から独立してそれ自体として存在する事物を認めず）私と認識内容が相関しているとする考え方が、立ち上がり成立するものと考えることができる。このことにより、観念論の成立に先立つ条件として想定されるのは、唯物論にほかならない。

以上に見てきた素朴実在論に始まり観念論をへて唯物論へといたる、認識に関連した一連の論述に、先に理論的水準において把握された『アンチ・オイディプス』の主題を引きよせて検討してみるならば、『アンチ・オイディプス』の主題がもつ意味に迫りアクセスすることができるにちがいない。そのために本章での議論を思い起こすと、『アンチ・オイディプス』の主題は、精神分析理論を批判的に捉えることをとおして、資本主義とスキゾフレニーをめぐる理論を構築することとして暫定的で仮設的に把握されるのであった。

右の認識に関連した一連の論述に準拠するとき、精神分析理論にとって本質的なのは、観念論という考え方なので、精神分析理論の成立に先立つ条件として想定されるのは、唯物論とすることができる。この点を考慮に入れるならば、『アンチ・オイディプス』の主題は、こう捉え直すことができるはずである。精神分析理論を批判的に捉えることをとおして、精神分析理論の成立に先立つ唯物論という原理論を、資本主義とスキゾフレニーをめぐる理論として構築することである。先行する唯物論にもとづいてはじめて、精神分析理論が樹立され成立すると考えられるのであり、そのような精神分析理論の成立に先駆ける唯物論を築き上げることが、『アンチ・オイディプス』の捉え直された主題なのである。

この捉え直しは、『アンチ・オイディプス』の主題が何を意味するのかを明確にすることを可能にしてくれる。『アンチ・オイディプス』の捉え直された主題にのっとり、実際に、精神分析理論を批判的に捉えることをとおして、精神分析理論の成立に先立つ唯物論という原理論を構築するとき、その構築された唯物論に準拠して、精神分析理論の本質的な考え方である観念論が立ち上がり成立する。それゆえに、唯物論は、カント以降の哲学的思惟を支配している観念論を立ち上げ成立させる根源であるということができる。

このことを踏まえると、『アンチ・オイディプス』の主題の意味は、精神分析理論の成立に先立つ唯物論という原理論を構築することによって、その唯物論が、カント以降の哲学的思惟を支配している観念論からさかのぼることができる原初の哲学的根源であることを示し、そしてその唯物論から観念論が形成されるメカニズムを明らかにし、さらに原初の哲学的根源である唯物論を、既存の観念論とは異なった新たな哲学的思惟として提起することである。本書では、このようにして〈唯物論＝原初の哲学的根源＝新たな哲学的思惟〉という等式を定立することこそが、『アンチ・オイディプス』という書物の哲学的な企てであると捉えることにする。

こうした企ては、その先駆を次のもののなかに求めることができるのではないか。それは、ヘーゲル左派のフォイエルバッハ（Ludwig Andreas Feuerbach, 1804-1872）、バウアー（Bruno Bauer, 1809-1882）、シュティルナー（Max Stirner, 1806-1856）、および真正社会主義を、ヘーゲルを革新し乗り越えようとするにもかかわらず、観念論的な見方から脱却できていないとして批判することで、観念論の真の外部である史的唯物論を展開しようとするマルクスとエンゲルス（Friedrich Engels, 1820-1895）の企図である。かれらはいう。

天から地へと降下するドイツ哲学とは正反対に、ここでは、地から天への上昇がなされる。すなわち、人々が語ったり、想像したり、表象したりするものから出発するのではなく、また、語られたり、考えられたり、想像されたり、表象されたりした人間から出発して、そこから身体を具えた人間のところに至るのではない。現実に活動している人間たちから出発し、そして彼らの現実的な生活過程から、この生活過程のイデオロギー的な反映や反響の展開も叙述される。人間の頭脳における茫漠とした像ですら、彼らの物質的な、経験的に確定できる、そして物質的な諸前提と結びついている、生活過程の、必然的な昇華物なのである。道徳、宗教、形而上学、その他のイデオロギーおよびそれに照応する意識諸形態は、こうなれば、もはや自立性という仮象を保てなくなる。これらのものが歴史をもつのではない、つまり、これらのものが発展をもつのではない。むしろ自分たちの物質的な生産と物質的な交通を発展させていく人間たちが、こうした自分たちの現実と一緒に、自らの思考や思考の産物をも変化させていくのである。意識が生活を規定するのではなく、生活が意識を規定する。第一の考察方法では生きた個人とみなされる意識から出発するのに対して、第二の、現実の生活に照応する考察法では、現実の生きた諸個人そのものから出発し、そして意識をもっぱら彼らの意識として考察する。▼15

マルクスとエンゲルスがヘーゲル左派と真正社会主義の痛烈な批判をとおしておこなおうとするのは、観念的な諸形態が成立する条件を物質的な生産と物質的な交通(=諸個人相互間の物質的な関わり合い)に見出し、その物質的な生産と物質的な交通という条件から、観念的な諸形態が生成してくる過程を跡づけることである。こうしたマルクスとエンゲルスによる唯物論的な試みを継承し、ドゥルーズ=ガタリが〈唯物論=原初の哲学的根源=新たな哲学的思惟〉という等式を定立しようと企てるのは、精神分析理論を批判的に捉えることをとおしてなのである。

主題から見た『アンチ・オイディプス』の構成

本章のこれまでの論述から帰結されることは、『アンチ・オイディプス』の主題は、精神分析理論を批判的に捉えることをとおして、精神分析理論の成立に先立つ唯物論という原理論を構築することとして理解することができるということである。こうして、『アンチ・オイディプス』の主題にまつわる考察という、本章のはじめに課した課題を成し遂げたいま、その中心的な課題に付随し従属する課題として残されているのは、次のことである。精神分析を批判することをとおして、資本主義とそのスキゾフレニーに対する関係とを究明するという『アンチ・オイディプス』の明示的な主題から読み替えられ捉え直された、いわば潜在的な主題(=精神分析理論を批判的に捉えることをとおして、精神分析理論の成立に先立つ唯物論という原理論を構築するという主題)という観点から、次章以降で詳細に説明する『アンチ・オイディプス』での議論の構成をシンプルに整理するという課題が、そのことである。

以下において、四つの章からなる『アンチ・オイディプス』の各章の概要を順番に見ていくことにしよう。生まれたばかりの乳児は、自己同一性をもった一定の私(=認識する主体としての自我)をいまだもたない、いわば物のような存在であると考えることができる。こうした私を欠いた物としての乳児というあり方を純粋に理論化しようとするのが、第一章での試みである。乳児を、口や胃や腸や肛門といった多数の器官を全体化し統一した全体・統一性である有機体として理解するというのが、われわれが乳児についてもつふつうの見方であろう。

ところが、フロイトの精神分析以後、アンナ・フロイト（Anna Freud, 1895-1982）とともに、子供を対象とした精神分析の開拓者として知られるクライン（Melanie Klein, 1882-1960）が提起した部分対象というアイデアを手がかりの一つとする第一章において、それまでにはない画期的な乳児論が展開される。その乳児論は、私を欠いた物としての乳児というあり方を、その抽象度を高めることで、多数の器官（＝多数の部分対象）としての多数の機械が、全体化も統一もされることなく集積し群れをなした多様性へと理論化する唯物論として、その姿を現す。

こうした乳児論としての唯物論を提示した第一章の議論を引き継ぐのは、とりわけ、フロイトを始祖とする精神分析の実践をとおして得られた経験にもとづく心理学的知見に依拠して叙述される第二章である。その第二章での論述は、諸機械の多様性（＝多数の器官としての多数の機械が、全体化も統一もされることなく集積し群れをなした多様性）としての乳児が、オイディプス・コンプレックスを基体とする、私と認識内容との相関へと変容していくプロセスを克明に描き出す。その変容プロセスは、いまだ言葉を話さない、私を欠いた物としての乳児が、自分のことを「私」という言葉で指し示す私という人間へと成長する実際の過程を理論的に捉え返したものだといえる。

だから、第二章において形成されるのは、オイディプス・コンプレックスを基体とする私と認識内容との相関への変容プロセス、およびそのプロセスの結果であるオイディプス・コンプレックスを基体とする私と認識内容との相関を提示する理論としての精神分析理論であり、この精神分析理論の本質をなすのは、その変容プロセスの帰結となる観念論（＝私から独立してそれ自体として存在する事物を認めず、私と認識内容が相関しているとする考え方）なのである。この点から明らかになることは、私を欠いた物としての乳児をもとにして、私という人間が誕生し、私を欠いた物としての乳児に取って代わるように、第一章で構築された乳児論としての唯物論を基礎理論にして、精神分析理論が打ち立てられ成立し、乳児論としての唯物論に取って代わるということだ。そして、精神分析理論は、基礎理論をなす乳児論としての唯物論に取って代わりその地位を奪ってしまうという理由で、批判的に捉えられることになる。[16]

諸機械の多様性としての乳児は、労働者ではないのはいうまでもない。これはどういうことかというと、諸機械の多様性としての乳児は、労働者による労働が剰余価値を生み出す資本主義の埒外で生きており、その意味で資本主義の外部を形作るということである。第三章では、この資本主義の誕生へといたる歴史的なプロセスを、レヴィ＝ストロース（Claude Lévi-Strauss, 1908-2009）の交換論、ニーチェの負債論、マルクスの資本論を主たる参照項としながら示そうとする。

原始社会から古代専制国家を経由して近代資本主義へと進展していく現実の世界史の運動を理論的に純化したものが、このときの歴史的なプロセスであり、それは、私を欠いた物としての乳児を諸機械の多様性として理論化することとパラレルに、社会の原型を諸機械の多様性として理論化して捉え、その諸機械の多様性としての社会の原型が、ダイナミックに組み替えられ変容していくプロセスとして立ち現れる。したがって、第三章において築き上げられるのは社会論であり、その社会論は、諸機械の多様性としての社会の原型の変容プロセス、およびそのプロセスの結果である資本主義からなる唯物論なのである。こうした社会論としての唯物論を形成することが、第三章の内容である。

第三章まで要約したこの地点から反転しひるがえって考え直すならば、精神分析理論が立ち上がり屹立するのは、社会の原型が通時的に変容した結果である資本主義と、その外部を形作る諸機械の多様性としての乳児とにもとづいてであることがわかる。なぜならば、資本主義と、その外部である諸機械の多様性としての乳児とのもとではじめて、諸機械の多様性としての乳児が、オイディプス・コンプレックスを基体とする私と認識内容との相関へと変容していくプロセスが描出され、（私と認識内容との相関への変容プロセス、およびその結果であるオイディプス・コンプレックスを基体とする私と認識内容との相関を提示する）精神分析理論が構成されるからである。このことは別言すれば、精神分析理論が造形されるのは、（諸機械の多様性としての社会の原型の通時的な変容プロセス、およびその結果である資本主義を提示する）社会論としての唯物論と（資本主義の外部である諸機械の多様性としての乳児を提示する）乳児論としての唯物論とを前提としてであるということである。

第二章において、諸機械の多様性としての乳児が、オイディプス・コンプレックスを基体とする私と認識内容との相関へと変容することが述べられた。そのオイディプス・コンプレックスを基体とする私と認識内容との相関が将来、踵を返して、諸機械の多様性へと立ちいたる可能性を論じるのが、『アンチ・オイディプス』の最終章をなす第四章である。このように諸機械の多様性へと立ちいたることは、精神分析に対してスキゾ分析とされ、未来においてスキゾ分析によって出現するだろう来るべき諸機械の多様性は、「スキゾ」と呼ばれる。そして、スキゾは、資本主義を転覆させ打倒しようとする革命的な存在として位置づけられる。

このとき、スキゾへと立ちいたり変容することとしてのスキゾ分析を、自分のことを「私」という言葉で指し示す私という人間が将来、人間という存在を超え出ていく未来の変身を示唆するものと捉えるならば、それはあのフーコー（Michel Foucault, 1926-1984）の予言と共鳴し響き合うかもしれない。近代に発見された人間という概念は、そう遠くない未来に終焉を迎え、早晩消え去る運命にあるだろうとのフーコーの言葉は、あまりに有名である。[17]

第四章での論述の目論見は、こうしたスキゾ分析のプロセス、およびそのプロセスの結果であるスキゾを提示する理論であるスキゾ分析理論を、第二章で展開された精神分析理論に対立する新たな理論として練り上げることである。そのさい、スキゾ分析理論は、スキゾが資本主義を打ち倒し廃棄しようとする革命という運動、いい換えればポスト資本主義の到来へとつながる革命という運動の可能性を示すことで、第三章で作り上げられた社会論としての唯物論を、未来のスキゾ革命という運動へと開かれた理論へと変容させようとする。

以上から、乳児論としての唯物論と（未来に開かれた）社会論としての唯物論からなる唯物論が、築き上げられることになり、その唯物論は精神分析理論の成立に先立つ条件であり原理論であることは、いままでの議論から明白であろう。こうして、精神分析理論の成立に先立つ（乳児論としての唯物論と（未来に開かれた）社会論としての唯物論からなる）唯物論という原理論が、構築されるにいたるのだ。

これが『アンチ・オイディプス』の構成にほかならない。そして、このように構成された『アンチ・オイディプス』での議論を完全にパラフレーズすることで、精神分析理論の成立に先立つ唯物論という原理論を図式的かつ体系的にあらためて構築し直そうと企図するのが、本書なのである。そのため、右の『アンチ・オイディプス』の構成は、本書における論述展開のマップともなる。

それではいまから、この論述展開のマップをたよりとしながら、『アンチ・オイディプス』での議論を読み替えパラフレーズしていくことにしよう。そして、こうした読み替えとパラフレーズは、『アンチ・オイディプス』を、精神分析理論を批判的に捉えることをとおして、精神分析理論の成立に先立つ唯物論という原理論を構築するという主題をもった書として読解する新しい読み方を提起する試みでもある。

序章註

▼1 Gilles Deleuze et Félix Guattari, *L'anti-Œdipe: capitalisme et schizophrénie*, Les Éditions de Minuit, 1972; éd. augmentée, 1973.（ジル・ドゥルーズ、フェリックス・ガタリ『アンチ・オイディプス——資本主義と分裂症』上下、宇野邦一訳、河出書房新社、二〇〇六年）

▼2 本書第四章の論述から了解されることだが、ドゥルーズ＝ガタリのいうschizophrénieは、精神分裂病（＝統合失調症）という名称で呼ばれる精神疾患とは異なるものなので、本書では、schizophrénieに対して、「スキゾフレニー」というその音声どおりの訳語を当てることにする。それと同様に、後に登場するschizoも、精神分裂病者（＝統合失調症者）ではないから、それをその音声どおりに「スキゾ」と訳する。

▼3 Gilles Deleuze, *Pourparlers: 1972-1990*, Les Éditions de Minuit, 1990, p. 33.（ジル・ドゥルーズ『記号と事件——一九七二-一九九〇年の対話』宮林寛訳、河出書房新社、二〇〇七年（一九九二年）、四六頁）

▼4 具体的には、私は、私とは無関係に独立して存在する一頭のウマからの刺激を、感覚能力によって一頭のウマの視覚データとして受容し、その視覚データを一頭のウマの視覚像（＝ウマという種に分類される視覚像）として認識する。あるいは、生理学的な見地からこうもいえる。私は、私とは無関係に独立して存在する一頭のウマに対して眼という感覚器官を向けることで、一頭のウマに当たって反射した光が、眼という感覚器官に入り、眼という感覚器官の網膜上に一頭のウマの視覚データが投影され、その視覚データが電気信号に変換され、視神経を通って脳に伝達され、脳の視覚野に一頭のウマの視覚像が形成される。このとき、一頭のウマの視覚像（＝認識内容）は、私とは無関係に独立して存在する一頭のウマという客観的な存在者（＝事物）と一致するとされる。

▼5 私から独立してそれ自体として存在する事物としての実在を認め、その実在が大きさや形や運動などの物理的な質しかもたないのに対して、それを私が認識すると、物理的な質だけでなく、色や明暗などの感

覚的な質も認識されるとする考え方を「科学的実在論」と呼ぶことにしよう。デカルト（René Descartes, 1596-1650）やロック（John Locke, 1632-1704）に見出すことができるこの科学的実在論もまた、実在を信じているために間違っている。ルネ・デカルト『省察』山田弘明訳、筑摩書房、二〇〇六年、ジョン・ロック『人間知性論』全四巻、大槻春彦訳、岩波書店、一九七二－一九七七年を参照。

▼6 具体的には、私が死んでしまえば、認識内容など存在するはずもない。

▼7 具体的には、世界（＝認識内容）が消滅してしまえば、私など存在できるはずもない。

▼8 以上に繰り広げた素朴実在論と観念論にまつわる論述は、拙著『ドゥルーズ『差異と反復』を読む』作品社、二〇一九年、一三〇－一三五頁での論述を基礎として、それに加筆修正したものである。また、新実在論という新たな哲学的境地を切り開こうとするガブリエル（Markus Gabriel, 1980-）は、カントに始まり、フィヒテ（Johann Gottlieb Fichte, 1762-1814）、シェリング（Friedrich Wilhelm Joseph von Schelling, 1775-1854）、ヘーゲルへといたるドイツ観念論を次のように読み解いている。すなわち、空間・時間・カテゴリーをアプリオリな条件とするカントの認識論、自我を統一原理とするフィヒテの認識論から、ヘーゲルの反省論をへて、シェリングの神話論（そして最終的には、シェリングの神話論をプロトタイプとするガブリエルの新実在論）へと完成される理論的展開としてである。新実在論をはじめとするガブリエルの哲学に関しては、マルクス・ガブリエル、スラヴォイ・ジジェク『神話・狂気・哄笑――ドイツ観念論における主体性』大河内泰樹・斎藤幸平監訳・飯泉佑介・池松辰男・岡崎龍・岡崎佑香訳、堀之内出版、二〇一五年、マルクス・ガブリエル『なぜ世界は存在しないのか』清水一浩訳、講談社、二〇一八年、マルクス・ガブリエル『「私」は脳ではない――21世紀のための精神の哲学』姫田多佳子訳、講談社、二〇一九年、マルクス・ガブリエル『新実存主義』廣瀬覚訳、岩波書店、二〇二〇年を参照。

▼9 カンタン・メイヤスー『有限性の後で――偶然性の必然性についての試論』千葉雅也・大橋完太郎・星野太訳、人文書院、二〇一六年。

▼10 メイヤスーの思弁的唯物論については、前掲書のほかにカンタン・メイヤスー『亡霊のジレンマ――思弁的唯物論の展開』千葉雅也序・岡嶋隆佑・熊谷謙介・黒木萬代・神保夏子訳、青土社、二〇一八年、岩内章太郎『新しい哲学の教科書――現代実在論入門』講談社、二〇一九年を参照。

▼11 イマヌエル・カント『純粋理性批判』上中下、原佑訳、平凡社、二〇〇五年(一九六六―一九七三年)。

▼12 フリードリッヒ・ニーチェ『権力への意志』下、原佑訳、筑摩書房、一九九三年(一九八〇年)、九二頁。

▼13 ルートヴィヒ・ウィトゲンシュタイン『論理哲学論考』野矢茂樹訳、岩波書店、二〇〇三年、一四七頁。

▼14 ジークムント・フロイト『夢判断』上下、高橋義孝訳、新潮社、一九六九年。ジークムント・フロイト『精神分析入門』上下、高橋義孝・下坂幸三訳、新潮社、一九七七年。ジークムント・フロイト「『精神分析』と『リビドー理論』」高田淑訳、『フロイト著作集』第一一巻、高橋義孝他訳、人文書院、一九八四年、所収。

▼15 カール・マルクス、フリードリヒ・エンゲルス『新編輯版 ドイツ・イデオロギー』廣松渉編訳・小林昌人補訳、岩波書店、二〇〇二年、三〇―三二頁。また、カール・マルクス『経済学批判』武田隆夫・遠藤湘吉・大内力・加藤俊彦訳、岩波書店、一九五六年の「序言」では、史的唯物論の定式が簡潔に叙述されている。

▼16 本書第二章の論述から明らかになるように、ドゥルーズ＝ガタリが構築する精神分析理論は、フロイトの精神分析理論(＝フロイトによって創始された精神分析の実践から得られた経験を説明するために形成された心理学理論である精神分析理論)そのものの忠実な再現ではなく、フロイトの精神分析理論の新たな形への批判的な再構成として捉えられ、両者のあいだには、批判的な再構成による明らかな差異を見てとることができる。また、ドゥルーズ＝ガタリの精神分析理論は、ラカンの洗練された精緻な精神分析理論に比べると、オイディプス・コンプレックスを中心とした素朴な理論であることは、注意しなければならない点である。ラカンの精神分析理論については、向井雅明『ラカン入門』筑摩書房、二〇一六年(一九八八年)、松本卓也『人はみな妄想する――ジャック・ラカンと鑑別診断の思想』青土社、二〇一五年、松本卓也『享楽社会論――現代ラカン派の展開』人文書院、二〇一八年、松本卓也『創造と狂気の歴史――プラトンから

ドゥルーズまで』講談社、二〇一九年を参照。

▼17　ミシェル・フーコー『言葉と物――人文科学の考古学』渡辺一民・佐々木明訳、新潮社、一九七四年。

第一章　乳児論的唯物論

――『アンチ・オイディプス』第一章を読む

『アンチ・オイディプス』第一章を要約する三つの総合

『アンチ・オイディプス』の「第一章　欲望機械（chapitre 1 les machines désirantes）」において展開された論述の骨子をなすのは、次の三つの総合である。それらは①第一の総合：接続的総合あるいは生産の生産、②第二の総合：離接的総合あるいは登録の生産、③第三の総合：連接的総合あるいは消費の生産である。[▼1]ドゥルーズ＝ガタリによれば、この三つの総合が具体的に表れる場面の一つは、生後間もない乳児の口が母親の乳房に吸いついていて、その乳房から母乳を摂取する場面である。そこで、これらの総合がいったい何であるかを明らかにするために、われわれの多くが経験するにもかかわらず、明瞭には記憶に残らないこの身近な事例について、ドゥルーズ＝ガタリの議論から自由に論じることから始めることにしよう。

乳児による母乳の摂取は、口が乳房に接続されており、〈口と乳房〉という接続において、乳房が母乳の流れを生産し、口がその母乳の流れを採取することとして理解することができる。だが、このような乳児による母乳の摂取の場面で生起することは、それだけに限らない。

なぜならば、母親の顔に向けられた乳児の眼は、その母親の顔に当たって反射した光を見たり、部屋にあるステレオに傾けられた乳児の耳は、そのステレオから出た音楽を聞いたりもするからである。このことは、右に見た〈口と乳房〉という接続と同様に、こう捉えることができる。眼が顔に接続されており、

〈眼と顔〉という接続において、顔が光の流れを生産し、眼がその光の流れを採取するのであり、耳がステレオに接続されており、〈耳とステレオ〉という接続において、ステレオが音の流れを生産し、耳がその音の流れを採取することとして捉えられる。こうした〈眼と顔〉という接続や〈耳とステレオ〉という接続のほかにも、乳児をめぐる複数の接続を見てとることは可能だろう。

さらに、この接続は、二項間の接続にとどまらない。たとえば、胃が口に接続されており、〈胃と口〉という接続において、口が、採取して味わった母乳の流れを今度は生産し、胃がその母乳の流れを採取するのであり、さらに腸が胃に接続されており……というように続いていく。したがって、接続関係は〈肛門と腸と胃と口と乳房〉という形でのびていくことになる。

このように考察するとき、乳児は〈肛門と腸と胃と口と乳房〉という接続や〈眼と顔〉という接続や〈耳とステレオ〉という接続……といったさまざまな接続が群れをなした多様性として捉えることができよう。乳児による母乳の摂取の場面をもとにして具体的で概略的に示されたこの多様性としての乳児という考え方を、ドゥルーズ＝ガタリは前に列挙した立体的で奥行きのある三つの総合（＝①第一の総合：接続的総合あるいは生産の生産、②第二の総合：離接的総合あるいは登録の生産、③第三の総合：連接的総合あるいは消費の生産）として理論化してみせる。以下において、この三つの総合をパラフレーズしつつ再構築することを試みたい。

接続的総合あるいは生産の生産

一般に「欲望（désir）」というのは、物質的なものである現実的対象が欠如し不足していると感じ、その欠如を満たそうと望むことだと考えられている。このように、欲望を現実的対象の欠如として捉えるという、われわれのあいだで広く承認されている欲望に対する従来の観念論的な見方を、ドゥルーズ＝ガタリは問い直そうとする。こうした問い直しによって提起されるのが、欲望に対する新しい唯物論的な考え方である。それは、（母という包括的人物ではなく）乳房といった「部分対象（objet partiel）」が、母乳の流れといった「流れ（flux）」（＝現実的なもの）を「生産（production）」するときの生産を欲望とする考え方だ。そして、この考え方こそが、三つの総合を支えているドゥルーズ＝ガタリの独創的な発想なのである。

この考え方のもとでドゥルーズ＝ガタリは、生産としての欲望を「欲望的生産（production désirante）」と呼ぶ。また、乳房や口などのように、現実的なものである流れを生産（＝欲望）したり「採取－切断（coupure-prélèvement）」したりする機械的な作動をおこなう部分対象のことを「欲望機械（machine désirante）」と名づける。

このとき、ドゥルーズ＝ガタリによると、第一の欲望機械が第二の欲望機械に「〈これとあれ〉《et》、《et puis》）」という「接続（connexion）」の形式で接続されていて、第二の欲望機械が流れを生産し、その流れを第一の欲望機械が採取－切断する。この接続はのびていくこともあり、その場合は、第二の欲望機械が第三の欲望機械に〈これとあれ〉という接続の形式で接続されていて、第三の欲望機械が流れを生産し、その流れを第二の欲望機械が採取－切断し、第三の欲望機械が第四の欲望機械に〈これとあれ〉という接続の形式で接続されていて……というようになる（つまり、〈第一の欲望機械と第二の欲望機械と第三の欲望機械と第四の欲望機械……〉というようになる）。そのさい、欲望機械による流れの生産は、次々に生じることから、生産（＝欲望的生産）は「生産の生産（production de production）」といわれる。

こうした複数の欲望機械の接続（＝〈第一の欲望機械と第二の欲望機械と第三の欲望機械と第四の欲望機械……〉）としての「接続的総合（synthèse connective）」は、先にあらかじめ言及しておいた乳児による母乳の摂取の事例に見られるように、複数存在する。確認のため、複数の接続的総合の例を挙げればこうなろう。〈肛門という欲望機械と腸という欲望機械と胃という欲望機械と口という欲望機械と乳房という欲望機械〉、

〈眼という欲望機械と顔という欲望機械〉、〈耳という欲望機械とステレオという欲望機械〉……が、それに当たる。

離接的総合あるいは登録の生産

このような複数の接続的総合が今度は、「〈これであれ、あれであれ《soit... soit》〉」という「離接(disjonction)」の形式で相互に離接していることで、複数の接続的総合の群れとしての「多様性(multiplicité)」、いい換えれば複数の接続的総合の「離接的総合(synthèse disjonctive)」(=〈第一の接続的総合であり、第二の接続的総合であり、第三の接続的総合であり、第四の接続的総合であり……〉)をなしている。

この複数の接続的総合の離接的総合は、たとえば〈[肛門]という欲望機械と腸という欲望機械と胃という欲望機械と口という欲望機械と乳房という欲望機械〉であり、[耳という欲望機械とステレオという欲望機械]であり、[眼という欲望機械と顔という欲望機械]であり、乳児にほかならないとドゥルーズ゠ガタリは考える。そして、こうした複数の接続的総合の離接的総合として捉えられるものは、乳児にほかならないとドゥルーズ゠ガタリは考える。

ところで、複数の接続的総合の離接的総合は、論理的な観点から考察するとき、どのように形作られ成立するのだろうか。このトピックについて検討を加えるために、以下のような具体的な例を考えてみよう。

木製の椅子を作るには、その設計図に示された椅子の外的輪郭と内的構造を描いた設計図と、材料となる木材とをあらかじめ用意しなければならない。その設計図に示された椅子の外的輪郭と内的構造にしたがって木材を加工し、木材のなかに椅子の外的輪郭と内的構造を実現することによって、木製の椅子は製作される。こうした製作過程に依拠すれば、木製の椅子は、椅子の外的輪郭と内的構造という形式と木材という内容との合成体であるといえるのであり、木材という内容によって満たされた椅子の外的輪郭と内的構造という形式として、別様に表現すれば椅子の外的輪郭と内的構造という形式によって限定され枠づけられた木材という内容として把握される。

この事例と同じように、複数の接続的総合の離接的総合を形式と内容という視座から捉え直すことが可能である。要するに、複数の接続的総合の離接的総合は、〈これであれ、あれであれ〉という離接の形式と複数の接続的総合という内容との合成体として、換言すれば〈これであれ、あれであれ〉という離接の形式によって限定され枠づけられた複数の接続的総合という内容として理解することができる。

こう理解するとき、論理上、複数の接続的総合の離接的総合に先駆け先行するものとして、次の二者を想定することが可能となる。その一つは〈これであれ、あれであれ〉という離接の形式であり、いま一つは複数の接続的総合である。

どういうことかというと、〈これであれ、あれであれ〉という離接の形式と複数の接続的総合とが、何よりもまず先行的に存在しており、ついで〈これであれ、あれであれ〉という離接の形式が、複数の接続的総合を限定し枠づけ、両者が合成される。このことによって、〈これであれ、あれであれ〉という離接の形式によって限定され枠づけられた複数の接続的総合という内容、すなわち複数の接続的総合の離接的総合が造形され成立すると、論理の上で考えられるわけだ。このように、〈これであれ、あれであれ〉という離接の形式と複数の接続的総合とがそれぞれ、複数の接続的総合の離接的総合の論理的起源として導き出されることで、複数の接続的総合の離接的総合に理論的な厚みと立体感が与えられるという効果が生まれる。

複数の接続的総合の離接的総合の論理的起源である複数の接続的総合に対して、もう一つの論理的起源である〈これであれ、あれであれ〉という離接の形式は、そもそも諸器官（＝複数の接続的総合＝複数の〈複数の欲望機械の接続〉＝諸々の欲望機械）をもたず、それらによって満たされるべき形式としての身体である。それゆえ、ドゥルーズ＝ガタリは〈これであれ、あれであれ〉という離接の形式を「器官なき身体

（corps sans organes）」と名づける。この器官なき身体は、諸器官がないために生産（たとえば、乳房という器官が母乳の流れを生み出し生産するときの生産）をおこなわず消費（たとえば、口という器官が母乳の流れを味わい消費するときの消費）もされないことから、複数の接続的総合における流れの生産と消費に対して、「反生産（anti-production）」、「非生産的なもの（improductif）」、「不毛なもの（stérile）」、「生み出されたものではなくてはじめからあったもの（inengendré）」、「消費不可能なもの（inconsommable）」として特徴づけられる。

こうした器官なき身体をめぐって、論理の上では次のように考えることができる。器官なき身体と複数の接続的総合とが存在するとともに、器官なき身体と鋭いコントラストをなす身体として、口や胃や腸や肛門といった多数の器官を全体化した全体であり、多数の器官を統一した統一性である有機体が存在するものと想定される。そのとき、有機体が器官なき身体の上に侵入し（器官なき身体を〈有機体であれ、……であれ〉＝〈有機体〉にし）ようとするのに対して、器官なき身体はみずからの存立を維持する（＝有機体化されない）ために、こうした有機体を押し返し、それに反発し反作用する。[2] そして、このように反発し反作用した器官なき身体は、今度は、複数の接続的総合に折り重なり、これを引きつけ自分のものにすることで限定し枠づけることによって、複数の接続的総合の離接的総合（＝複数の接続的総合が相互に離接している多様性）が形成されることになる。

いい方を換えよう。有機体との敵対関係のもとで器官なき身体は、複数の接続的総合を、別言すれば複数の「連鎖（chaîne）」（＝複数の欲望機械の接続としての連鎖）を自分の上に「登録（enregistrement）」することで相互に離接（＝相互に「離脱－切断（coupure-détachement）」）させる。これによって、複数の接続的総合の離接的総合が、換言すれば複数の連鎖の離脱－切断が、[3] 作り上げられるわけである。

これまでの論述のプロセスから了解されるように、複数の接続的総合の離接的総合において、欲望機械による流れの生産が、あらかじめ実際にあった上で、器官なき身体による複数の接続的総合の登録が、そうした複数の接続的総合の離接的総合の論理上の形成としておこなわれる。だから、登録は「登録の生産（production d'enregistrement）」ということができる。

ところが、この登録の生産という論理上の運動によって、複数の接続的総合の離接的総合が形作られ成立すると、その複数の接続的総合の離接的総合において、複数の接続的総合が器官なき身体という登録の表面から発現してきたかのような様相を呈することになると考えられる。要するに、見かけの上で、器官なき身体が、（器官なき身体という登録の表面から複数の接続的総合が発現した結果である）複数の接続的総合の離接的総合へと発達したかのように見えるということだ。

実際には、複数の接続的総合の離接的総合をもとにして、論理上それに先立つものとして、器官なき身体が事後的に導き出されることは、前に論じたとおりである。しかし、器官なき身体から複数の接続的総合が発現することで、器官なき身体が複数の接続的総合の離接的総合へと発達したかに見えるこうした外見上の運動によって、器官なき身体は複数の接続的総合に対する準原因として見立てられ位置づけられるにいたる。このことから、器官なき身体は、複数の接続的総合が発生する「卵（œuf）」に、つまり乳児として捉えられる複数の接続的総合の離接的総合へと成長していく卵になぞらえることができる。

連接的総合あるいは消費の生産

論理的にはこのようにして成立するとされる複数の接続的総合の離接的総合は、先に述べた流れの生産と採取–切断（＝実際の作動）の後に、実際にどのように作動するのだろうか。複数の接続的総合の離接的総合において、流れの生産と採取–切断は、いたるところで生起すると考えられる。ドゥルーズ＝ガタリによれば、ある欲望機械は、流れを採取–切断すると、採取–切断された流れを「消費（consommation）」

することになる。この消費は、たとえば口という欲望機械が、採取－切断された母乳の流れを享受し味わうことである。

ここで、こうした消費を手がかりとし、有機体と対比しながら、流れの特徴について考察してみることにしよう。有機体は、多数の器官を全体化し統一した全体・統一性であるので、それを分割し分解するならば、多数の器官が得られる。この多数の器官を合併し足し合わせる（＝多数の器官を全体化し統一する）と、もとの有機体と同一の有機体が得られるのは明らかである。この理由から、もとの有機体と、それを分割し分解することで得られる多数の器官とのあいだには、本性上の差異はないものと判断することができる。このように、有機体は分割され分解されても本性を変えないのであり、こうした有機体は、長さや広さや高さなどのような、分割され分解されても本性を変えないものを指し示す言葉である「延長（extension）」と呼ぶことができる。

他方で、採取－切断された母乳の流れを分割し分解することで得られるたんぱく質、脂肪、乳糖、塩類、ビタミンといった諸成分を味わう場合、その味はもとの母乳の流れの味とは異なるはずである。また、それだけでなく、この諸成分を単に合併し足し合わせても、もとの母乳の流れと同じものが得られることはけっしてないだろう。このことが意味するのは、もとの母乳の流れと、その流れを分割し分解することで得られる諸成分とのあいだに、本性上の違いが存在するということである。この母乳の流れに顕著に見てとれるように、流れは一般に、分割され分解されるならば、その本性を変えてしまうのである。「延長」と呼ぶことができる有機体とは好対照をなすこのような流れをドゥルーズ＝ガタリは、速度や温度などのような、そもそも分割し分解することが不可能なものを指示する言葉である「強度（intensité）」とも呼んでいる。

こうした流れを欲望機械が消費するとき、この欲望機械による流れの消費は、前に触れた登録と同様に、欲望機械による流れの生産が実際にあってはじめて実際に生じる。これにより、消費は「消費の生産（production de consommation）」ともいえる。

このように消費することによって、消費された流れ（＝消費し尽くされた結果として残った流れ）、すなわち「残余または残滓‐切断（coupure-reste ou résidu）」が、消費した欲望機械のもとに残ると考えられる。この残余または残滓‐切断は、採取‐切断された流れがその性質や状態を、消費によって失った裸の基体であり、これ以上消費することができない、採取‐切断された流れの基礎であり、その意味で「主体（sujet）」であるということができる。こうして、残余または残滓‐切断を前提にして主体が成立するという意味において、残余または残滓‐切断に主体が「連接（conjonction）」する。

このことは別言すれば、〈だから、これ（＝残余または残滓‐切断）は私である〉としての「連接的総合（synthèse conjonctive）」であり、これによって主体が生まれてくる。この連接的総合の例の一つとして、口という欲望機械のもとでの〈だから、これ（＝口という欲望機械によって消費された母乳の流れ＝残余または残滓‐切断）は私である〉を引くことができよう。こうして、残余または残滓‐切断に「〈だから、これは……である〉（《c'est donc...》）」という連接の形式で、私（＝主体）が連接することで誕生するのであり、欲望機械という中心のもとにある残余または残滓‐切断こそが主体なのだ。

このような主体は、欲望機械による流れの消費が起こるところに生まれるので、複数の接続的総合の離接的総合のあちらこちらに、欲望機械のもとにある残余または残滓‐切断は私であるとして、主体が出現する。例を示せば、口という欲望機械も胃という欲望機械も腸という欲望機械も……どれも、自身が採取‐切断した流れを消費するから、これらの欲望機械のそれぞれのもとに主体が立ち現れるのである。

三つの総合の反復としての乳児論的唯物論

それでは、このような消費と残余または残滓ー切断の後に続くのは何か。流れの生産と採取ー切断がふたたび生じると考えるのが、先述した〈[肛門という欲望機械と腸という欲望機械と顔という欲望機械]であり、[眼という欲望機械と腸という欲望機械と顔という欲望機械]であり、[耳という欲望機械と乳房という欲望機械]であり……〉という複数の接続的総合の離接的総合に関して検討してみよう。

この複数の接続的総合の離接的総合は、もとのままで変わらないか、あるいは〈[肛門という欲望機械と腸という欲望機械と胃という欲望機械と口という欲望機械]であり、[耳という欲望機械と〈声の流れを生産することになる母親の〉口という欲望機械]であり……〉というような別の形に変容し編成し直される（つまり、耳という欲望機械がステレオという欲望機械と口という欲望機械から切断され、〈声の流れを生産することになる母親の〉口という欲望機械〉が構成される）。そして、こうした複数の接続的総合の離接的総合において、〈耳という欲望機械〉が流れを生産し、その欲望機械に接続された別の欲望機械が、その流れを採取ー切断するというわけである。

そのとき、たとえば胃という欲望機械には、乳房という欲望機械が採取ー切断した流れについて、以下のように解釈することが可能である。口という欲望機械には、乳房という欲望機械が生産（＝贈与）し口という欲望機械が採取ー切断し胃という欲望機械という蓄積がある。その一方で、胃という欲望機械には、（以前に口という欲望機械が生産し胃という欲望機械が採取ー切断し消費した母乳の流れを、胃という欲望機械に向けて生産し胃という欲望機械が採取ー切断した流れについて、以下のように解釈することが可能である。口という欲望機械には、乳房という欲望機械が生産（＝贈与）し口という欲望機械が採取ー切断した流れについて、以下のように解釈することが可能である。口という欲望機械には、乳房という欲望機械が生産（＝贈与）し口という欲望機械が生産し胃という欲望機械という蓄積がある。その一方で、胃という欲望機械が採取ー切断し消費した母乳の流れを、胃という欲望機械のなかには何も残っていないので）そのような流れ（＝乳房という欲望機械が生産し胃という欲望機械が採取ー切断し消費した母乳の流れを、胃という欲望機械のなかには何も残っていないので）そのような流れ（＝乳房という欲望機械が生産し口という欲望機械が採取‐切断した母乳の流れ）が欠如している。この意味で、口という欲望機械と胃という欲望機械とのあいだには、蓄積と欠如という不均衡が存在する。

それゆえ、この不均衡を償うために、口という欲望機械は、自身が消費して残った母乳の流れを生産（＝お返し＝逆贈与）し、胃という欲望機械がその流れを採取‐切断すると考えることができる。だから、胃という欲望機械が採取‐切断した流れは、不均衡を補償するために給付されたものとしての「コードの剰余価値（plus-value de code）」として理解される。

そうした流れの生産と採取‐切断は、複数の接続的総合の登録と離脱‐切断をへて、採取‐切断された流れの消費と残余または残滓‐切断へと引き継がれていくのは、いうまでもないことである。したがって、生産の生産から登録の生産を経由して消費の生産へといたる一連のプロセスが、繰り返され反復されることになる。

このようにして繰り返された二回目のプロセスにおいて、たとえば、口という欲望機械が消費された母乳の流れ（＝主体）を生産し、胃という欲望機械がその母乳の流れを採取‐切断し、採取‐切断された母乳の流れを消費することで、消費された母乳の流れ、すなわち残余または残滓‐切断が、消費した胃という欲望機械のもとに残る。そうすると、〈だから、これ（＝胃という欲望機械によって消費された母乳の流れ＝残余または残滓‐切断）は私である〉によって主体が誕生する。要は、口という欲望機械によって消費された母乳の流れとしての主体は、口という欲望機械から胃という欲望機械へと移行することで、胃という欲望機械によって消費された母乳の流れとしての主体として生まれ変わるのだ。

こうした再生は、〈私（＝口という欲望機械によって消費された母乳の流れ）は胃という欲望機械によって消費された母乳の流れになる〉といい表すことができる。そのため、胃という欲望機械（つまり〈肛門という欲望機械と腸という欲望機械と胃という欲望機械と口という欲望機械と乳房という欲望機械〉という接続的総合）が消費することで、〈私は胃という欲望機械によって消費された母乳の流れになる〉という意味において、私（＝〈肛門という欲望機械と腸という欲望機械と胃という欲望機械と口という欲望機械と乳房という欲望機械〉という接続的総合）は、〈私は胃という欲望機械によって消費された母乳の流れになる〉を感じる（＝消費する）のである。

このように、欲望機械が、採取－切断された流れを新たに消費するたびに、以前の主体とは異なった新しい主体が立ち現れ、主体の生まれ変わりが起こる。このことが意味するのは、欲望機械の付属物である主体は、自己同一性をもたないということである。

そのさい、ドゥルーズ＝ガタリの考えでは、欲望的生産（＝生産の生産）がおこなわれるばかりでなく、「社会的生産（production sociale）」[4]もおこなわれるとされる。したがって、欲望的生産がおこなわれる複数の接続的総合の離接的総合と、社会的生産がおこなわれる社会とが共存するわけだ。このことは別の見方をすれば、複数の接続的総合の離接的総合として捉えられる乳児は、社会の外側で生きているということである。このような複数の接続的総合の離接的総合と社会との関係性をめぐる詳細な考察については、本書第三章でおこなう予定である。

こうして、『アンチ・オイディプス』の冒頭に当たる第一章の議論をもとにして、社会の外部で繰り返し生起している三つの総合、すなわち①第一の総合：接続的総合あるいは生産の生産、②第二の総合：離接的総合あるいは登録の生産、③第三の総合：連接的総合あるいは消費の生産という三つの総合が再構築される[5]。このようにして再構築された三つの総合は、〈欲望機械・器官なき身体・主体〉[6]と〈生産と採取－切断・登録と離脱－切断・消費と残余または残滓－切断〉という物質に関わる二つの概念群を中核として、乳児を複数の接続的総合の離接的総合として捉える唯物論であることから、本書では、この三つの総合を「乳児論的唯物論」という名で呼ぶことにしよう。

以上のように構成し直される『アンチ・オイディプス』の第一章の後に続く第二章の議論では、この乳児論的唯物論に立脚しよりどころとして、精神分析理論が築き上げられる。それゆえ、『アンチ・オイディプス』の第二章での議論を敷衍しながら、精神分析理論を再構築することをとおして、乳児論的唯物論が担っている理論上の役割を解明することを、次章での論述の目的としたい。

第一章　註

▼1　以下において繰り広げられる本書第一章の論述は、拙著『ドゥルーズ『差異と反復』を読む』作品社、二〇一九年、一三八－一四五頁での考察を発展させたものである。

▼2　ドゥルーズ＝ガタリによれば、器官なき身体が有機体に反発し反作用することは、器官なき身体が有機体に対して抑圧を行使することであり、このときの抑圧は「根源的な抑圧（refoulement originaire）」とされる。

▼3　複数の連鎖の離脱－切断における連鎖（＝接続的総合）は、器官なき身体の上に登録されたものであり、それは、器官なき身体の上に登録されたものとしての（欲望の）「コード（code）」（＝一連の記号の組み合わせ）、「線分（segment）」、「ストック（stock）」、「ブロック（bloc）」、「煉瓦（brique）」と呼ばれる。

▼4　社会的生産については、本書第三章で明らかにすることとし、ここでは暫定的に、資本としての貨幣を投下することで、労働力と生産手段が結びつき、商品を生産するときの生産と理解しておく。

▼5　ドゥルーズ＝ガタリによれば、三つの総合は次のようなエネルギー変換として捉え直すこともできる。生産の生産のためのエネルギーである「リビドー（libido）」が、生産の生産を引き起こし、使われずに残ったリビドーが、登録の生産のためのエネルギーである「ヌーメン（Numen）」に変容し、そのヌーメンが登録の生産を引き起こし、使われずに残ったヌーメンが、消費の生産のためのエネルギーである「ヴォルプタス（Voluptas）」に変容し、そのヴォルプタスが消費の生産を引き起こすというエネルギー変換である。

▼6　ドゥルーズ＝ガタリにしたがうと、有機体を抑圧する（＝有機体に反発し反作用する）器官なき身体は、有機体を「パラノイア的（paranoïaque）」（＝反発的＝反撃的）に抑圧する（パラノイア＝反発＝反撃＝抑圧）ものという意味で「パラノイア機械（machine paranoïaque）」とされる。また、複数の接続的総合を自身の上に登録する（＝複数の接続的総合を吸引する）結果として、複数の接続的総合が発現してきたかのように見える器官なき身体は、複数の接続的総合に、発現するという奇蹟を授けたように見えるものという意味で「奇

蹟を授ける機械（machine miraculante）」とされる。こうしたパラノイア機械（＝反発機械）と奇蹟を授ける機械（＝吸引機械）とのあいだには対立があり、対立し合う両者のあいだに入って、両者を和解させるのが主体である。この主体は、「抑圧されたものの回帰（retour du refoulé）」（＝抑圧された有機体の回帰）として捉えられると同時に、本書第二章で述べるオイディプス三角形における私、すなわち父と母との縁組から誕生して、妻と縁組を結ぶ私とは異なり、複数の接続的総合と器官なき身体との新しい縁組（＝複数の接続的総合の器官なき身体への登録）から誕生して、独身者である私としての「独身機械（machine célibataire）」とされる。

第二章　精神分析理論——『アンチ・オイディプス』第二章を読む

『アンチ・オイディプス』第二章を要約する三つの総合の不当な使用と五つの精神分析の誤謬推理

『アンチ・オイディプス』の第一章で論じられた①接続的総合、②離接的総合、③連接的総合という三つの総合は、『アンチ・オイディプス』の「第二章　精神分析と家族主義　すなわち神聖家族（chapitre 2 psychanalyse et familialisme : la sainte famille）」においては、それぞれ次のようにいい換えられる。①接続的総合の部分的かつ非特殊的使用、②離接的総合の包含的かつ無制限的使用、③連接的総合の遊牧的かつ多義的使用である。そして、どの総合の使用も、総合の正当な使用であるという。

それに対して、総合の正当な使用を超越した、総合の不当な使用が三つあるとされる。その三つの総合の不当な使用であるのは、①接続的総合の包括的かつ特殊的使用、②離接的総合の排他的かつ制限的使用、③連接的総合の隔離的かつ一対一対応的使用という三つの総合の使用である。さらに、この三つの総合の不当な使用には、以下の五つある、精神分析の誤謬推理が関わっているとされる。①精神分析の第一の誤謬推理：外挿法、②精神分析の第二の誤謬推理：オイディプス的ダブルバインド、③精神分析の第三の誤謬推理：一対一対応の「適用」としてのオイディプス、④精神分析の第四の誤謬推理：抑圧されたものの置換あるいは歪曲、⑤精神分析の第五の誤謬推理：事後が、それらである。

こうした三つの総合の不当な使用と五つの精神分析の誤謬推理として要約されるのが、『アンチ・オイディプス』の第二章の論述である。それにしても、この三つの総合の不当な使用と五つの精神分析の誤謬推理とは、何についての理論なのだろうか。このことを解明することで、『アンチ・オイディプス』の第二章の内容を大づかみに理解するには、本書序章で言及した観念論についての議論を思い出す必要がある。観念論とは、私から独立してそれ自体として存在する事物を認めず、私と認識内容が相関しているとする考え方であった。

この私と認識内容との相関へと変容することになるのが、前章で述べた複数の接続的総合の離接的総合であり、いい換えればいまだ私(＝自己同一性をもった一定の主体)をもたない乳児(＝複数の接続的総合の離接的総合として捉えられる乳児)が、認識内容をもった私へと変容することになると考えることができる。とはいえ、このように考えたとき、権利上どのように変容していくのだろうか。ドゥルーズ＝ガタリの考えでは、この私と認識内容との相関への変容を説明するのがほかでもない、三つの総合の不当な使用と五つの精神分析の誤謬推理なのである。

そのため、三つの総合の不当な使用と五つの精神分析の誤謬推理が問題にするのは、現実に生きている乳児が私という人間へと発達し成長していく過程が、事実としてどのようになされるのかを忠実に記述することではない。そうではなくて、三つの総合の不当な使用と五つの精神分析の誤謬推理は、複数の接続的総合の離接的総合から、私と認識内容との相関への変容のプロセス(＝理論的存在としての乳児から、認識内容をもった私への変容のプロセス)、およびそのプロセスの結果である私と認識内容との相関(＝観念論)を提示する理論なのである。そして、そうした変容のプロセスは、あくまでも原理原則の立場から権利上要請されるものであり、権利上そうでなくてはならない類のものであって、現実に生きている乳児が私という人間へと発達し成長していく実際の過程の純粋な理論化に相当する。

この三つの総合の不当な使用と五つの精神分析の誤謬推理によって提示される変容のプロセスは、次のとおりに進行する。(複数の接続的総合の離接的総合→)精神分析の第一の誤謬推理：外挿法→精神分析の第四の誤謬推理：抑圧されたものの置換あるいは歪曲↓精神分析の第五の誤謬推理：事後↓接続的総合の包括的かつ特殊的使用↓離接的総合の排他的かつ制限的使用↓精神分析の第二の誤謬推理：オイディプス的ダブルバインド↓連接的総合の隔離的かつ一対一対応的使用↓精神分析の第三の誤謬推理：一対一対応の「適用」としてのオイディプス↓私と認識内容との相関である。[1] そこで本章では、この順序にしたがって、三つの総合の不当な使用と五つの精神分析の誤謬推理を構築し直してみることにしよう。

外挿法という精神分析の誤謬推理

欲望的生産（＝生産の生産）がおこなわれるのとパラレルに、社会的生産がおこなわれることは、前章の最後で触れた。ドゥルーズ＝ガタリによれば、複数の接続的総合の離接的総合でおこなわれる欲望的生産は、社会的生産を脅かす「革命的（révolutionnaire）」なものである。それというのも、欲望的生産は社会的生産の外部であり、それとは異他的なものであるので、そのような異他的なものとして社会的生産に敵対して、それを吹き飛ばそうとするからである。その意味でいえば、複数の接続的総合の離接的総合として捉えられる乳児は、社会の外から社会の安定性を揺るがす革命的な存在なのである。

したがって、社会的生産は自身の存立を維持するために、自身にとって脅威であり革命的な力である欲望的生産を「抑制（répression）」することになる。このとき、前章で述べたように、複数の接続的総合の離接的総合は、器官なき身体（＝〈これであれ、あれであれ〉という離接の形式）によって限定され枠づけられた複数の接続的総合という内容であり、器官なき身体の上に複数の接続的総合が登録されたものであって、欲望的生産をおこなうのは複数の接続的総合である。そのことから、社会的生産による欲望的生産の抑制は、社会的生産が、欲望的生産をおこなう複数の接続的総合を複数の接続的総合の離接的総合から排除し追い払う形でおこなわれると考えるのが、理論上妥当性をもつはずである。

接続的総合は複数の〈流れという現実的なものを生産する〉欲望機械（＝部分対象）の接続であるがゆえに、複数の接続的総合は、物質的なものである現実的対象として捉えられる。このような複数の接続的総合が、（社会的生産が複数の接続的総合を複数の接続的総合の離接的総合から「否認（dénégation）」（＝排除）しようとするのに対して）「抵抗（résistance）」を示すにもかかわらず）複数の接続的総合の離接的総合から排除されることから、器官なき身体だけが残る。そして、複数の接続的総合の離接的総合から排除された複数の接続的総合（＝複数の〈複数の部分対象の接続〉）は、ドゥルーズ＝ガタリの考えでは、一つの「完全対象（objet complet）」として全体化され統一される。このように複数の接続的総合が全体化され統一されて一つの完全対象へと変換されることで、完全対象が外挿されるという「外挿法（extrapolation）」が、「精神分析の第一の誤謬推理（premier paralogisme de la psychanalyse）」なのである。

また、外挿法によって形成された完全対象は、「ファルス（phallus）」と名づけられる。こうして、器官なき身体に対して、（器官なき身体から排除されているので）超越的なファルスが成立する。そのとき、器官なき身体という登録の表面において現実的対象（＝複数の接続的総合）が欠如しており、この現実的対象の欠如（＝「欲求不満（frustration）」）が欲望とされる。

こうした現実的対象の欠如としての欲望は、自身を埋め合わせるために非現実的対象を生産し、その非現実的対象を、器官なき身体が自分の上に登録することで、欠如が解消されるものと考えることができる。その非現実的対象に当たるのが、イメージとしての「父（père）」とイメージとしての「母（mère）」であり、それらのおのおのは、〈イメージとしての乳房といったイメージとしての部分対象ではなく〉イメージとしての「包括的人物（personne globale）」なのである。それゆえに、〈イメージとしての父とイメージとしての母であれ、イメージとしての母であれ〉が形成されることになる。

ドゥルーズ＝ガタリによると、その非現実的対象に当たるのが、イメージとしての「父（père）」とイメージとしての「母（mère）」であり、それらのおのおのは、〈イメージとしての乳房といったイメージとしての部分対象ではなく〉イメージとしての「包括的人物（personne globale）」なのである。それゆえに、〈イメージとしての父とイメージとしての母であれ、イメージとしての母であれ〉において、イメージとしての父とイメージとしての母とはそれぞれ、他方を排除（＝否定）し制限する。つまり、イメージとしての父は、イメージとしての母を排除することで、それとの境界線を画定し、その意味でイメージとしての母を制限するのであり、このことは、イメージとしての母とイメージとしての父とを入れ替えてももちろんいえる。だから、〈イメージとしての母であれ、イメージとしての父であれ〉はおのずから、〈イメージとしての父か、イメージとしての母か〉（＝〈イメージとしての父か、さもなければイメージとしての母〉）へと変わってしまう。〈これであれ、あれであれ〉（＝〈これか、あれか〉（＝〈これか、さもなければあれ〉《ou bien》）という離接の形式である器官なき身体は、〈これか、あれか〉[注2]という離接の形式へと変貌を遂げるわけだ。

さらに、〈イメージとしての父か、イメージとしての母か〉を座標軸として、「私（moi）」（＝認識する主体としての自我）が誕生する。これはどういうことかというと、ファルスという超越的なものが、イメージとしての母と「近親相姦（inceste）」すること（＝イメージとしての母と一体化すること）を禁じ、イメージとしての母の地位を占めること（＝イメージとしての父とイメージとしての母と一体化すること）を禁じる。このことによって、禁じられた私が男性として生まれてくる（か、さもなければファルスという超越的なものが、イメージとしての父と近親相姦することを禁じ、イメージとしての母の地位を占めることを禁じることによって、禁じられた私が女性として生まれてくる）ということである。

そのさいの私は、イメージとしての父か、イメージとしての母から「区別（différenciation）」されていると同時にイメージとしての母から区別されており、自己同一性をもっている。したがってここには、〈イメージとしての父か、イメージとしての母か〉（＝イメージとしての父とイメージとしての母との離接）と私が、すなわち「イメージとしての父‐イメージとしての母‐私（papa-maman-moi）」（以下、「イメージとしての父‐イメージとしての母‐私」を「父‐母‐私」と表記する）という「オイディプス三角形（triangle œdipien）」が形作られることになる。

このことから、イメージとしての母と近親相姦することを禁じ、イメージとしての父の地位を占めることを禁じるという「禁止（interdit）」は、「三角形化（triangulation）」（＝「精神分析（psychanalyse）」）の働きでもある。また、このように禁止することをとおして三角形化をおこなうのはファルスなので、ファルスは禁止するものとしての「法（loi）」として捉えられる。そして、このファルスを抜きにしては、父－母－私というオイディプス三角形はけっして構成されないため、ファルスは三角形の形態を引き起こす原因として機能しているといえる。[3]

こうしたファルスによる三角形化によって立ち上がってくるのがほかでもない、父－母－私というオイディプス三角形なのだ。それは、イメージとしての父とイメージとしての母という両親が、器官なき身体の上に登録されることで成立した〈イメージとしての父か、イメージとしての母か〉という登録の総合（＝婚姻あるいは縁組）をもとにして、私が誕生することで作られた家族であることから、「登録の総合の両親的あるいは家族的使用（usage parental ou familial de la synthèse d'enregistrement）」とされる。[4]

抑圧されたものの置換あるいは歪曲という精神分析の誤謬推理

ドゥルーズ＝ガタリは、右に論じた社会的生産による欲望的生産の抑制は、その抑制をへて形成された父－母－私というオイディプス三角形が欲望的生産を「抑圧（refoulement）」する操作によって引き継がれると考える。以下において、ドゥルーズ＝ガタリの考えにしたがって、この抑圧という操作のプロセスを詳しく追っていくことにしよう。

社会的生産はその抑制のための力によって欲望的生産を抑制する。そうすると、抑制した社会的生産は、その抑制のために使われずに残った力をオイディプス三角形に委譲し譲り渡す。こうして力を得たオイディプス三角形は、その力によって、抑制の前の欲望的生産（＝抑制の前にさかのぼった過去の欲望的生産）

に向けて抑圧を行使する。そのため、抑制の対象は抑圧の対象でもある。だが、このときの抑圧は、抑制の前の欲望的生産ばかりでなく、その欲望的生産がおこなわれる複数の接続的総合の離接的総合にまで、すなわち抑制の前の複数の接続的総合の離接的総合（＝抑制の前にさかのぼった過去の複数の接続的総合の離接的総合）にまで及ぶことになる。

こうして抑圧された、抑制の前の複数の接続的総合の離接的総合は、抑圧（＝否定）されたからこそ、別のものに置き換えられる。それにしても、何に置き換えられるのか。それは、私がイメージとしての母と近親相姦しイメージとしての父の地位を占めている（＝私がイメージとしての母と一体化しイメージとしての父と一体化している）「未分化状態（indifférencié）」であり、イメージとしての父とイメージとしての母と私とが区別されない未分化状態であって、その未分化状態には「オイディプス・コンプレックス（complexe d'Œdipe）」という名が与えられる。だから、オイディプス・コンプレックスは、抑圧された、抑制の前の複数の接続的総合の離接的総合がそれへと置き換えられる当のものであり、その意味でいえば抑圧されたもの（＝抑圧された、抑制の前の複数の接続的総合の離接的総合）についての置き換えられた偽りの像なのである。

このように、オイディプス三角形による、抑制の前の複数の接続的総合の離接的総合に対する抑圧は、抑圧された、抑制の前の複数の接続的総合の離接的総合に対する書き換えと変換を引き起こす。こうした抑圧されたものがオイディプス・コンプレックスに置換され、オイディプス・コンプレックスへと歪曲されるという「抑圧されたものの置換あるいは歪曲（déplacement, ou défiguration du refoulé）」が、「精神分析の第四の誤謬推理（quatrième paralogisme de la psychanalyse）」にほかならない。

この抑圧されたものの置換あるいは歪曲は、次のような三項体系によって描き直すことが可能である。それは、抑圧を操作する「抑圧する表象作用（représentation refoulante）」、抑圧が現実に及んでくる「抑圧される表象者（représentant refoulé）」、「置換される表象内容（représenté déplacé）」の三項体系であり、オイディプス三角形は抑圧する表象作用として、抑制の前の欲望的生産（つまり、抑制の前の複数の接続的総合の離接的総合）は抑圧される表象者として、オイディプス・コンプレックスは置換される表象内容としてそれぞれ捉えられる。こう捉えるとき、抑圧されたものの置換あるいは歪曲は、以下のように見立てることができる。

抑圧する表象作用が抑圧される表象者を抑圧することによって、抑圧される表象者（＝抑圧された表象者）が、抑圧する表象作用（＝抑圧した表象作用）という表象作用をおこない、このように表象することで、置換される表象内容が表象される。そして、抑圧される表象者は、この置換される表象内容に置き換えられ、置換される表象内容（＝置換された表象内容）が、抑圧される表象者についての偽りの像となるのである。

このように見立てられる抑圧されたものの置換あるいは歪曲の結果として成立しているものは、以前に形成されたオイディプス三角形と、いま置き換えられたオイディプス・コンプレックスとである。このことを前提にしてなされるのが、いまだ関係をもたないオイディプス三角形とオイディプス・コンプレックスとのあいだにつながりを規定する推理である。どういうことかを明らかにしよう。

ファルスが、イメージとしての母と近親相姦することを禁じ、イメージとしての父の地位を占めることを禁じることによって、父‐母‐私というオイディプス三角形が造形されることに関しては、すでに論じたとおりである。したがって、ファルスを三角形化の原因としてもつオイディプス三角形において、イメージとしての母と近親相姦しイメージとしての父の地位を占めることが、ファルスによって私に禁止されている。

そのさい、イメージとしての母と近親相姦しイメージとしての父の地位を占めることが、ファルスによって私に禁止されているがゆえに、イメージとしての母と近親相姦しイメージとしての父の地位を占めることが、私によって欲望されていた（＝私によっておこなわれていた）という推理がおこなわれる。それ（＝イメージとしての母と近親相姦しイメージとしての父の地位を占めること）はいま禁止されているのだから、それは過去には欲望されていた（＝過去にはおこなわれていた）にちがいないし、それは過去に欲望されていた（＝過去におこなわれていた）からこそ、いま禁止されているというわけだ。この推理は、禁止と、禁止されているもの（＝イメージとしての母と近親相姦しイメージとしての父の地位を占めること）の（私によって欲望されていたという）本性との二項体系からなり、禁止から禁止されているものの本性を直接に結論する推理として特徴づけられる。

とはいえ、禁止されているものの本性という結論、つまりイメージとしての母と近親相姦しイメージとしての父の地位を占めることが、私によって欲望されていたという結論の意味とは、何だろうか。それはいうまでもなく、私がイメージとしての母と近親相姦しイメージとしての父の地位を占めている未分化状態、すなわちオイディプス・コンプレックスがあったということを意味する。

そのため、右に述べた推理は、こうなるはずだ。（ファルスという三角形化の原因をもつオイディプス三角形において）イメージとしての母と近親相姦しイメージとしての父の地位を占めることが、ファルスによって私に禁止されているがゆえに、オイディプス・コンプレックスがあったという推理である。禁止されたもの（＝イメージとしての母と近親相姦しイメージとしての父の地位を占めること）としての抑圧されたものが、オイディプス・コンプレックスとして回帰してくるのであり、その点からすればオイディプス・コンプレックスは、抑圧されたものの回帰として捉えられる。このように定式化された推理によって、オイディプス三角形の過去の姿は、実際には複数の接続的総合の離接的総合であるにもかかわらず、オイディプス・コンプレックスこそが、オイディプス三角形の過去の姿とされてしまうのである。

これまでにたどってきた一連の過程をとおして、オイディプス三角形とその過去の姿とされるオイディプス・コンプレックスとが、成立するにいたる。この到達点からひるがえって反省して見てとれることは、（ファルスが三角形の形態を引き起こす形式的な原因であるのに対して）ファルスによる三角形化そのものを引き起こす現実的な原因は、抑制という操作であり、またオイディプス三角形の過去の姿とされるという意味でオイディプス三角形の裏面であるオイディプス・コンプレックスをたしかに基礎づけるのは、抑制を継承する抑圧という操作であるということである。[5]

事後という精神分析の誤謬推理

抑圧されたものの置換あるいは歪曲という精神分析の第四の誤謬推理にまつわる議論からダイレクトに導出されてくるのが、「精神分析の第五の誤謬推理（cinquième paralogisme de la psychanalyse）」である。この新しい誤謬推理は、どのようなものだろうか。

前述したように、複数の接続的総合の離接的総合において、欲望的生産がおこなわれる。この点からすれば、欲望的生産は複数の接続的総合の離接的総合に対して同時的なものであり、そのような同時的なものという意味で「現働的因子（facteur actuel）」であるといえる。

この現働的因子（とそれがおこなわれる複数の接続的総合の離接的総合）に取って代わって、オイディプス三角形が構成されることは、先に見たとおりである。この代置の関係から、オイディプス三角形が現に存在するならば、それ以前には現働的因子（＝欲望的生産）がおこなわれていたということになる。したがって、逆説的ではあるが、今まさに存在するオイディプス三角形は、過去にさかのぼって現働的因子を作動させる誘導子として捉えることが可能である。そして、この誘導子に対して、現働的因子は、流れを形成（＝生産）するさいの形成という意味での形成体とみなされる。

また、（取って代わられる前の）現働的因子（さらには、（取って代わられる前の）複数の接続的総合の離接的総合）に対する、オイディプス三角形による抑圧を介して、抑圧された（取って代わられる前の）複数の接続的総合の離接的総合は、オイディプス・コンプレックスに置き換えられることに関しても、すでに言及した。要するに、現働的因子をもとにして、抑圧という操作を経由して生まれてくるのがほかでもない、オイディプス・コンプレックスなのであり、だからオイディプス・コンプレックスは、現働的因子から派生した効果として生み出されるわけである。このことは、オイディプス・コンプレックスが現働的因子に対して反作用的で反動的に形成されることとして理解することができる。それゆえ、オイディプス・コンプレックスは「反作用的あるいは反動的なもの（réactif ou réactionnel）」なのである。

この反作用的あるいは反動的なものであるオイディプス・コンプレックスは、現働的因子とは異なった「潜在的なもの（virtuel）」として把握される。そのわけは、オイディプス三角形が現在のものである一方で、オイディプス・コンプレックスは先述のとおり、オイディプス三角形の過去の姿とされるので、オイディプス三角形に対して過去のものであり古いものであって、その意味において潜在的なものだからである。

こうしたオイディプス・コンプレックスは、「決定不可能なもの（indécidable）」として捉えられる。現働的因子に取って代わってオイディプス三角形が形作られるため、現働的因子か、さもなければオイディプス三角形という二者択一の関係が成立する。この関係のもとで、オイディプス・コンプレックスは、反作用的あるいは反動的なもの（＝現働的因子に対して反作用的で反動的に形成されるもの）であると同時に、潜在的なもの（＝オイディプス三角形に対して古い過去のもの）であるがゆえに、現働的因子とオイディプス三角形とのあいだの境界であり、その境界という意味での決定不可能なものであると見立てることができるからである。

以上の簡潔な整理から明らかなように、オイディプス・コンプレックスは反作用的あるいは反動的なものであり潜在的なものであって、だから決定不可能なものなのだ。そして、現在のものであるオイディプス三角形は、潜在的なものであるオイディプス・コンプレックスよりも時間的に後に位置づけられる。精神分析の第五の誤謬推理は、オイディプス三角形はこのようにオイディプス・コンプレックスの後に出現したとされるという「事後（par-après）[6]」なのである。

接続的総合の包括的かつ特殊的使用

先に論じたとおり、ファルスが、イメージとしての母と近親相姦することを禁じ、イメージとしての父の地位を占めることを禁じることによって、オイディプス三角形が、その前の複数の接続的総合のイメージとしての「妻（épouse）」という、前に見た二つのイメージとしての包括的人物に続いて、イメージとしての「姉妹（sœur）」とイメージとしての父とイメージとしての母という、二つのイメージが、父―母―私というオイディプス三角形に新たに導入される。そうなると、ファルスは私に、イメージとしての姉妹と近親相姦すること（＝イメージとしての姉妹と一体化すること）を禁じる。これが意味するのは、ファルスが私に、イメージとしての妻を受けとるように命じること（＝自分のイメージとしての妻を受けとること）である。すなわち、イメージとしての父からイメージとしての義理の父に残し、イメージとしての義理の兄弟に残し、イメージとしての義理の父からイメージとしての義理の父の義理の母のイメージとしての娘）を受けとるという「交換（échange）」を命じること）である。このように、イメージとしての母とイメージとしての父に関わる禁止はみずからを、イメージとしての父に置き換えられる。そうだとしても、この禁止それ自体の置換とは、どういうことなのだろうか。

ドゥルーズ＝ガタリによると、器官なき身体の上に登録されたイメージとしての父とイメージとしての母という、前に見た二つのイメージとしての包括的人物に続いて、イメージとしての「姉妹（sœur）」とイメージとしての父とイメージとしての母という、二つのイメージが、父―母―私というオイディプス三角形に新たに導入される。そうなると、ファルスは私に、イメージとしての姉妹と近親相姦すること（＝イメージとしての姉妹と一体化すること）を禁じる。これが意味するのは、ファルスが私に、イメージとしての妻を受けとるように命じること（＝自分のイメージとしての妻を受けとること）である。すなわち、イメージとしての義理の父からイメージとしての義理の母のイメージとしての娘）を受けとるという「交換（échange）」を命じること）である。このに関わる禁止に置き換えるのだ。

この交換を命じる禁止によって、私とイメージとしての妻とが接続し、その接続から私のイメージとしての「子 (enfant)」が生まれる。これにより、〈私とイメージとしての妻―イメージとしての接続〉とイメージとしての子が、すなわち私―イメージとしての妻―イメージとしての子（以下、「私―イメージとしての妻―イメージとしての子」を「私―妻―子」と表記する）という新しいオイディプス三角形が形成される。つまるところ、オイディプス三角形は、私とイメージとしての妻とが接続することで、イメージとしての子が生産される。このオイディプス三角形は、私とイメージとしての妻とを再生産するのである。▼7 この私―妻―子という再生産されたオイディプス三角形〈私とイメージとしての妻〉という接続的総合（＝婚姻あるいは縁組）をもとにして、イメージとしての妻とが接続することで形作られるので、「生産の接続的総合の婚姻的あるいは縁組的使用 (usage conjugal, ou d'alliance, des synthèses connectives de production)」とされる。

このようにして、オイディプス三角形はその再生産へと拡大され、登録の総合の両親的あるいは家族的使用（＝父―母―私というオイディプス三角形）は、生産の接続的総合の婚姻的あるいは縁組的使用（＝私―妻―子というオイディプス三角形）へと拡張される。ドゥルーズ＝ガタリはこの二つの使用の全体を「接続的総合の包括的かつ特殊的使用 (usage global et spécifique de la synthèse connective)」と名づける。その名づけの理由は、オイディプス三角形と再生産されたオイディプス三角形とが、イメージとしての父、イメージとしての母、イメージとしての姉妹、イメージとしての妻、イメージとしての子という諸々のイメージとしての私とイメージとしての妻とが接合した接続的総合を形成しているからである。

　社会的生産が複数の接続的総合の離接的総合から排除し追い払うことについては、複数の接続的総合のうちの個々の接続的総合は、複

　社会的生産が複数の接続的総合の離接的総合から排除し追い払うことについては、男性に特殊化された私とイメージとしての妻とが接合した接続的総合を形成しているからである。

数の欲望機械（＝部分対象）の接続であり、どちらかの性に特殊化されているわけではないことから、「接続的総合の部分的かつ非特殊的使用（usage partiel et non spécifique de la synthèse connective）」といい換えることができる。

欲望的生産をおこなうこうした複数の接続的総合の部分的かつ非特殊的使用が、排除され追い払われ、そこに露わになった欠如を礎にして、接続的総合の包括的かつ特殊的使用が構成されるのだから、接続的総合の包括的かつ特殊的使用は、接続的総合の部分的かつ非特殊的使用に取って代わるのだ。こうした総合の使用の置換は、接続的総合ばかりでなく、離接的総合と連接的総合にも生起することは、この後の論述から明らかになるだろう。

離接的総合の排他的かつ制限的使用

登録の総合の両親的あるいは家族的使用、すなわち父－母－私というオイディプス三角形が形成されると、このオイディプス三角形において、三つの離接的総合が成立するものと考えられる。それらを一つずつ列挙すれば、〈両親である（＝イメージとしての父とイメージとしての母（という主語）の述語）か、子供である（＝私（という主語）の述語）か〉という離接的総合、〈男である（＝イメージとしての父（という主語）の述語）か、女である（＝イメージとしての母（という主語）の述語）か〉という離接的総合、〈死者である（＝イメージとしての父（という主語）の述語）か、生者である（＝イメージとしての母（という主語）の述語）か〉という離接的総合である。[8]

こうした三つの離接的総合が、オイディプス三角形のもとに確立される。その一方で、オイディプス・コンプレックスは、イメージとしての父とイメージとしての母と私とが三位一体をなしている未分化状態であるので、両親であると同時に子供であり、男であると同時に女であり、死者であると同時に生者であ

ると捉えることができる。親子一体にして両性具有者にしてゾンビ（＝生きた姿を与えられた死体）である
もの、この異形のものが、オイディプス三角形の裏面としてその過去の姿とされるオイディプス・コンプ
レックスなのである。

　オイディプス・コンプレックスとは対照的に、二項間の区別を示す個々の離接的総合は、〈これか、あ
れか〉という離接の形式をもっている。この〈これか、あれか〉という離接の形式のもとで離接している
二項は、お互いに排除し合い（＝お互いに否定し合い）、相互に制限し合っている。たとえば、両親である
という項は、子供であるという項を制限しているのであり、この二項は、両親であるという項と子供である
という項を排除していることで、それとの境界を定めており、その意味で子供で
あるという項を制限しているのであり、この二項は、両親であるという項と子供であるという項をそっ
くり入れ替えてみても、妥当性をもち成り立つ。だから、この場合の離接的総合は、「離接的総合の排他
的かつ制限的使用（usage exclusif et limitatif de la synthèse disjonctive）」とすることができる。

　それに対して、前章において述べた複数の接続的総合の離接的総合は、どのように考えたらよいのだろ
うか。その例として前章で引き合いに出したのは、〈［肛門という欲望機械と腸という欲望機械と胃という
欲望機械と口という欲望機械と乳房という欲望機械］であれ、［眼という欲望機械と顔という欲望機械］で
あれ、［耳という欲望機械とステレオという欲望機械］であれ……〉であった。

　この例からわかるように、複数の接続的総合の離接的総合という内容に
よって満たされた器官なき身体は、〈これであれ、あれであれ〉という離接の形式）でもある。それゆえに、諸項がお
器官なき身体は複数の器官の接続的総合という諸項をすべて包含している（＝肯定している）のであり、諸項がお
互いに制限し合っていることはない。たとえば、器官なき身体は、〈肛門という欲望機械と腸という欲望
機械と胃という欲望機械と口という欲望機械と乳房という欲望機械〉（＝接続的総合）という項と〈耳とい
う欲望機械と胃という欲望機械と顔という欲望機械〉（＝接続的総合）という項と〈眼とい
う欲望機械と胃という欲望機械と顔という欲望機械〉（＝接続的総合）という項と〈耳という欲望機械とステレオという欲望機

械〉（＝接続的総合）という項と……をすべて包含している。したがって、このときの離接的総合は、「離接的総合の包含的かつ無制限的使用（usage inclusif et illimitatif de la synthèse disjonctive）」といい換えることができる。

こうした複数の接続的総合の離接的総合（＝離接的総合の包含的かつ無制限的使用）から、複数の接続的総合が排除された後に残存した器官なき身体が、「これか、あれか」という離接の形式へと姿を変え、この離接の形式のもとに父－母－私というオイディプス三角形が構成され、そのオイディプス三角形において離接的総合の排他的かつ制限的使用が成立する。この成立過程については、すでに詳細に説明したとおりである。このことにより、接続的総合の部分的かつ非特殊的使用が、接続的総合の包括的かつ特殊的使用に席を譲るのと同じように、離接的総合の包含的かつ無制限的使用もまた、離接的総合の排他的かつ制限的使用に席を譲ることになる。

オイディプス的ダブルバインドという精神分析の誤謬推理

父－母－私というオイディプス三角形において成立した離接的総合の排他的かつ制限的使用は、〈これか、あれか〉という離接の形式と二項という内容との合成体として、別の表現をすれば〈これか、あれか〉という離接の形式によって限定され枠づけられた二項という内容として捉えられる。例を引くまでもないと思うが、〈両親であるか、子供であるか〉という離接的総合の排他的かつ制限的使用について見てみれば、それは、〈これか、あれか〉という離接の形式によって限定され枠づけられた、両親であるという項と子供であるという項という内容として把握することができる。

このように、〈これか、あれか〉という離接の形式は、両親であるという項と子供であるという項とのあいだで働き、男であるという項と女であるという項とのあいだで働き、死者であるという項と生者であるという項とのあいだで働いている。ところが、ドゥルーズ＝ガタリによれば、〈これか、あれか〉という離接の形式は、以上のようなオイディプス三角形に関わる二項のあいだだけではなく、オイディプス三角形であるという項とオイディプス・コンプレックスであるという項とのあいだでも機能することになる。

そのため、オイディプス三角形であるという項とオイディプス・コンプレックスであるという項は、〈これか、あれか〉という離接の形式によって限定され枠づけられる。こうして、〈オイディプス三角形であるか、オイディプス・コンプレックスであるか〉という離接的総合の排他的かつ制限的使用が、確立されるにいたる。この〈オイディプス三角形であるか、オイディプス・コンプレックスであるか〉は、〈私はオイディプス三角形であるか、さもなければ私はオイディプス・コンプレックスになる〉を意味するのは明らかである。

このことからいえることは、オイディプス・コンプレックスは単にオイディプス三角形より以前の過去の姿とされるばかりでなく（過去にオイディプス・コンプレックスによるオイディプス・コンプレックスへの「固着（fixation）」があったとされ）、オイディプス三角形を形成している私が、オイディプス・コンプレックスになり、（固着点である）オイディプス・コンプレックスへと陥り「退行（régression）」していく可能性があるということである。つまり、オイディプス三角形の一項をなす私が、イメージとしての母と近親相姦しイメージとしての父の地位を占め、オイディプス三角形の他の二項と一体化することによって、イメージとしての父とイメージとしての母と私とが区別されない未分化状態としてのオイディプス・コンプレックスが、生み出されることもあるのだ。

そして、このような退行によって実際に生み出されたオイディプス・コンプレックスは、「神経症（névrose）」とされる。このことを、先述した事後という精神分析の第五の誤謬推理をめぐる説明とリンクさせるならば、オイディプス三角形に対して過去のものであり古いものであるという意味において潜在的なものであるオイディプス・コンプレックスは、神経症という形で現実化される可能性をもつわけである。

こうした〈オイディプス三角形の排他的かつ制限的使用〉は、私はオイディプス三角形であるか、オイディプス・コンプレックスであるか」という離接的総合の排他的かつ制限的使用は、私はオイディプス三角形であるか、オイディプス・コンプレックスになるかのどちらかしか選ぶことができない二者択一であり、この二者択一は以下のようにいい直すことができよう。私はオイディプス三角形という極のもとで、イメージ子のように、オイディプス三角形という極へ移行し、イメージとしての父とイメージとしての母から区別された一項である。さもないと私は振り子のように、オイディプス三角形という極からオイディプス・コンプレックスという極へと移行し、イメージとしての父とイメージとしての母とが一体化した未分化状態が立ち上がるという運動である。このように、私がオイディプス三角形という極とオイディプス・コンプレックスという両極をもった出口のない二重の袋小路にはまりこんでいるという「オイディプス的ダブルバインド（double bind œdipien）」、これこそが、「精神分析の第二の誤謬推理（deuxième paralogisme de la psychanalyse）」なのである。

連接的総合の隔離的かつ一対一対応的使用

父─母─私というオイディプス三角形の一項をなす私は、感覚内容を感覚していると考えられる。要するに、私には、所与（＝感覚内容＝センスデータ）が与えられているのだ。この所与は、未分化状態にあり、そこに含まれているすべてのものは、相互に区別されることなく渾然一体となっている。

ドゥルーズ＝ガタリにしたがえば、こうした混沌状態にある所与は、いくつかの部分に切り分けられ分節化されることで、相互に区別された諸々の感覚像が形成される。このことを具体的に説明するために、たとえば私がある教育場面を見ているケースについて考察してみよう。そのとき、視覚内容としての所与が私に与えられており、その所与は混沌とした未分化状態にあり、分節化されることになる。この分節化によって、視覚像としての教師、視覚像としてのスクールカウンセラー、視覚像としての上級生、視覚像としての同級生……という、相互に区別された諸々の視覚像（＝諸々の感覚像）が、形作られるわけである。

こうして形成された諸々の感覚像が、認識内容なのである。それゆえ、私には、諸々の感覚像が現れているのであり、別言すれば私は認識主体として諸々の感覚像を認識している。このような諸々の感覚像は、それを認識している私がその一項をなす父－母－私というオイディプス三角形としての家族に対して「社会野（champ social）」と呼ばれる。

このように叙述される、所与から社会野（＝諸々の感覚像＝認識内容）が立ち上がり成立する過程は、未分化状態にあり連続している所与が、分節化されることによって、差異的関係のもとにあり相互に隔離され分離された諸々の感覚像、すなわち社会野になるという意味で、所与に社会野が連接することである。このことは、〈だから、これ（＝所与）は社会野である〉としての連接的総合として定式化して理解することが可能である。この〈だから、これ（＝所与）は社会野である〉としての連接的総合は、このように相互に隔離され分離された諸々の感覚像を構成するがゆえに、「連接的総合の隔離的使用（usage ségrégatif de la synthèse conjonctive）」とされる。そして、こうした連接的総合の隔離的使用によって構成された社会野が私に現れており、それを私は認識しているのである。

そのさい、ドゥルーズ＝ガタリの考えでは、連接的総合の隔離的使用によって構成された社会野と、父－母－私というオイディプス三角形とのあいだに、一対一に対応する諸関係からなる集合が、打ち立てられるという。これがどういう事態なのかを明瞭に理解するには、すぐ前に例として挙げた視覚像としての教師、視覚像としてのスクールカウンセラー、視覚像としての上級生、視覚像としての同級生……という社会野をふたたび取り上げて具体的に検討してみる必要がある。

このケースでは、社会野とオイディプス三角形とのあいだに樹立されるのは、たとえば次のような集合である。〈だから、これ（＝視覚像としての教師）は私の父（＝イメージとしての父）である〉という、視覚像としての教師が私の父に一対一に対応する関係、〈だから、これ（＝視覚像としての母）である〉という、視覚像としての母が私の父に一対一に対応する関係、〈だから、これ（＝視覚像としてのスクールカウンセラー）である〉という、視覚像としてのスクールカウンセラーが私の母に一対一に対応する関係、〈だから、これ（＝視覚像としての上級生）である〉という、視覚像としての上級生が私の父に一対一に対応する関係、〈だから、これ（＝視覚像としての同級生）は私の父（＝イメージとしての父）である〉という、視覚像としての同級生が私に一対一に対応する関係……という集合が、それに当たる。

こうした集合のなかで、〈だから、これ（＝視覚像としての教師）である〉という、視覚像としての教師が私の父に一対一に対応する関係、〈それゆえ、これ（＝視覚像としての教師）が意味しているのは、あれ（＝イメージとしての父）である〉という、これとあれとのあいだの象徴的関係である。要は、視覚像としての教師はイメージとしての父として「解釈（interprétation）」されるわけだ。

それは、よりわかりやすいいい方に換えれば、〈それゆえ、これ（＝視覚像としての母）である〉という、視覚像としての母が私の父に一対一に対応する関係にとりわけ焦点を当てて考えてみよう。

以上に展開した説明を一般化するならば、こうなるだろう。社会野とオイディプス三角形とのあいだに、一対一に対応する諸関係からなる集合が確立され、この一対一の連接的総合、あるいは〈だから、これ（＝ある感覚像）は私の父（＝イメージとしての父）である〉という、視覚像としての連接的総合、あるいは〈だから、これ（＝ある感覚像）は私である〉としての連接的総合なのである。

ドゥルーズ＝ガタリは、何らかの感覚像が私の父あるいは私の母あるいは私に一対一に対応するという意味において、何らかの感覚像に私の父あるいは私の母あるいは私が連接するこうした連接的総合のことを、「連接的総合の一対一対応的使用（usage bi-univoque de la synthèse conjonctive）」とする。そして、先に言及した連接的総合の隔離的使用とこの連接的総合の一対一対応的使用とを一つにまとめたものには、

「連接的総合の隔離的かつ一対一対応的使用（usage ségrégatif et bi-univoque de la synthèse conjonctive）」という名を与える。

一対一対応の「適用」としてのオイディプスという精神分析の誤謬推理

社会野におけるそれぞれの感覚像は、イメージとしての父あるいはイメージとしての母あるいは私に一対一に対応し、イメージとしての父あるいはイメージとしての母あるいは私として解釈されるということは前述した。したがって、社会野（＝諸々の感覚像＝認識内容）は全体として、父－母－私というオイディプス三角形へと適用されることで、父－母－私というオイディプス三角形として解釈される。どんな認識内容であれその意味は、父－母－私というオイディプス三角形以外の何ものでもなく、どの認識内容も、父－母－私というオイディプス三角形という意味に必ず帰着するというのである。

「精神分析の第三の誤謬推理（troisième paralogisme de la psychanalyse）」に相当するのが、この社会野がオイディプス三角形へと適用されることである。つまり、精神分析の第三の誤謬推理とは、個々の感覚像がイメージとしての父ないしはイメージとしての母ないしは私に一対一に対応することによって、社会野からオイディプス三角形への適用がなされるという「一対一対応の『適用』としてのオイディプス（Œdipe comme《application》bi-univoque）」なのである。

ドゥルーズ＝ガタリにならって、ファルスという超越項によって成立した父－母－私というオイディプス三角形を、３（＝〈イメージとしての父か、イメージとしての母か〉と私）＋１（＝ファルス）と表す一方で、連接的総合の隔離的使用によって立ち現れた社会野は、相互に区別された複数の項（＝諸々の感覚像）として構成されているので、それを４＋ｎと表現することができる。そう表現すると、一対一対応の「適用」としてのオイディプスは、連接的総合の一対一対応的使用によって、４＋ｎが３＋１へと適用されるといい表すことも可能である。

こうした一対一対応の「適用」としてのオイディプスの条件となっているのは、先に提示した連接的総合の隔離的かつ一対一対応的使用であることについては、これまでの論述から自明であろう。こうした連接的総合の隔離的かつ一対一対応的使用に対して、前章で論じた連接的総合は、〈だから、これ（＝残余または残滓－切断）は私である〉としての連接的総合であった。

この連接的総合をよりいっそう明確に把握するためには、それについて、連接的総合の隔離的かつ一対一対応的使用との比較という観点から再考してみなければならない。その再考のために、前章で言及した〈肛門という欲望機械と腸という欲望機械と胃という欲望機械と口という欲望機械と乳房という欲望機械〉という接続的総合を取り上げてみよう。

そこでは、乳房という欲望機械が母乳の流れを生産する。そうすると、口という欲望機械がその母乳の流れを採取－切断し、採取－切断された母乳の流れを消費することで、消費された母乳の流れ、すなわち残余または残滓－切断が、消費した口という欲望機械のもとに残り、〈だから、これ（＝残余または残滓－切断）は私である〉としての連接的総合によって主体が生まれる。ついで、この消費された母乳の流れ（＝主体）を、口という欲望機械が今度は生産する。そうすると、胃という欲望機械がその母乳の流れを採取－切断し、採取－切断された母乳の流れを消費することで、消費された母乳の流れ、すなわち残余または残滓－切断が、消費した胃という欲望機械のもとに残り、〈だから、これ（＝残余または残滓－切断）は私である〉としての連接的総合によって主体が生まれる。ついで、この消費された母乳の流れ（＝主体）を、胃という欲望機械が今度は生産する。そうすると、腸という欲望機械が……というように続いていく。このプロセスは、前章においてすでに言及しておいた。

このような主体の誕生に関わる一連の経過は、〈だから、これ（＝口という欲望機械によって消費された母乳の流れ＝残余または残滓‐切断〉は私である。だから、これ（＝胃という欲望機械によって消費された母乳の流れ＝残余または残滓‐切断）は私である。だから、これ（＝腸という欲望機械によって消費された母乳の流れ＝残余または残滓‐切断）は私である〉という連接的総合として整理される。こうした連接的総合は、前章での考察のとおり、主体の生まれ変わりとしても把握することが可能である。どういうことかというと、口という欲望機械によって消費された母乳の流れとしての主体が、口という欲望機械から胃という欲望機械へと移行することで、胃という欲望機械によって消費された母乳の流れとしての主体として生まれ変わる。そして、この主体が、胃という欲望機械から腸という欲望機械へと移行することで、腸という欲望機械によって消費された母乳の流れとしての主体として生まれ変わるというように、主体が次から次へと生まれ変わるのである。

このような主体の再生は、以下のように表現されよう。〈私（＝口という欲望機械によって消費された母乳の流れ）は胃という欲望機械によって消費された母乳の流れになる。私（＝胃という欲望機械によって消費された母乳の流れ）は腸という欲望機械によって消費された母乳の流れになる〉というようにだ。それゆえに、〈肛門という欲望機械と腸という欲望機械と胃という欲望機械と口という欲望機械と乳房という欲望機械〉という接続的総合が消費することで、〈私は胃という欲望機械によって消費された母乳の流れになる。私は腸という欲望機械によって消費された母乳の流れになる〉という意味で、私（＝〈肛門という欲望機械と腸という欲望機械と胃という欲望機械と口という欲望機械と乳房という欲望機械〉という接続的総合）は、〈私は胃という欲望機械によって消費された母乳の流れになる。私は腸という欲望機械によって消費された母乳の流れになる〉を感じる（＝消費する）のである。

このように、口という欲望機械によって消費された母乳の流れとしての私は、胃という欲望機械によって消費された母乳の流れ、腸という欲望機械によって消費された母乳の流れへと次々に生成していくのであり、そうした意味で主体は遊牧的かつ多義的なのである。この側面から、連接的総合の隔離的かつ一対一対応的使用に対して、〈だから、これ（＝残余または残滓－切断）は私である〉としての連接的総合は、「連接的総合の遊牧的かつ多義的使用（usage nomadique et polyvoque de la synthèse conjonctive）」といい直すことができる。

すでに説明したように、接続的総合の部分的かつ非特殊的使用は、接続的総合の包括的かつ特殊的使用に置き換えられ、離接的総合の包含的かつ無制限的使用は、離接的総合の排他的かつ制限的使用に置き換えられる。これに並行して、連接的総合の遊牧的かつ多義的使用が、連接的総合の隔離的かつ一対一対応的使用に置き換えられることは、これまでの論述から明白である。なぜならば、接続的総合の部分的かつ非特殊的使用と離接的総合の包含的かつ無制限的使用とがそれぞれ、接続的総合の包括的かつ特殊的使用と離接的総合の排他的かつ制限的使用とに置換されることで、欲望機械による流れの消費にかわって、オイディプス三角形の一項をなす私による社会野の認識が、成立するからである。

三つの総合の不当な使用と五つの精神分析の誤謬推理としての精神分析理論

こうしてようやく、父－母－私というオイディプス三角形の一項をなす私と社会野（＝諸々の感覚像＝認識内容）との相関、換言すれば（オイディプス・コンプレックスを過去の姿とするという意味で）オイディプス・コンプレックスを基体とする、（父－母－私というオイディプス三角形の一項をなす）私と社会野との相関が、立ち上がり確立されるにいたる。この到達点のそもそもの出発点は何であったのかと反転し振り返ってみれば、それは複数の接続的総合の離接的総合であった。そのことを念頭に置いて、本章での議論をシンプルにまとめてみることにしよう。

複数の接続的総合の離接的総合を出発点として、以上に見てきた三つの総合の不当な使用（＝①接続的総合の包括的かつ特殊的使用、②離接的総合の排他的かつ制限的使用、③連接的総合の隔離的かつ一対一対応的使用）と、五つの精神分析の誤謬推理（＝①精神分析の第一の誤謬推理：外挿法、②精神分析の第二の誤謬推理：オイディプス的ダブルバインド、③精神分析の第三の誤謬推理：一対一対応の「適用」としてのオイディプス、④精神分析の第四の誤謬推理：抑圧されたものの置換あるいは歪曲、⑤精神分析の第五の誤謬推理：事後）とを経由することで、オイディプス・コンプレックスを基体とする私と社会野との相関が成立する。そして、複数の接続的総合の離接的総合が、オイディプス・コンプレックスを基体とする私と社会野との相関に変容するプロセスは、権利上そうでなければならないものとして要請されるものであることは、本章の冒頭で強調しておいた。

このようにまとめられるので、三つの総合の不当な使用と五つの精神分析の誤謬推理は、複数の接続的総合の離接的総合による、オイディプス・コンプレックスを基体とする私と社会野との相関への変容プロセス、およびその変容プロセスの結果であるオイディプス・コンプレックスを基体とする私と社会野との相関を提示する理論としての精神分析理論として捉えることができる。そして、この精神分析理論においてその本質的な考え方が見出されるのは、複数の接続的総合の離接的総合による変容プロセスの帰結をなす観念論（＝私から独立してそれ自体として存在する事物を認めず、私と認識内容が相関しているとする考え方）のなかになのである。このため、『アンチ・オイディプス』の第二章での議論をパラフレーズすることによって、その第二章で築き上げられた精神分析理論をあらためて再構築することが、本章の内容なのである。

そのさい、前章で構築し直された乳児論的唯物論を組み立てている三つの総合の正当な使用（＝①接続的総合の部分的かつ非特殊的使用、②離接的総合の包含的かつ無制限的使用、③連接的総合の遊牧的かつ多義的使用）が、三つの総合の不当な使用に置き換えられることからわかるように、乳児論的唯物論は、この再構築された精神分析理論によって取って代わられることになる。三つの総合の不当な使用と五つの精神分析の誤謬推理である精神分析理論において、総合の使用が不当であり、それに関連した精神分析の推理が誤謬であるとされるのは、精神分析理論がいま述べたように、三つの総合の正当な使用である乳児論的唯物論にすっかり取って代わり、その座を占拠してしまうからなのである。そして、精神分析理論において、このように総合の使用が不当であり、精神分析の推理が誤謬であるとされることによって、精神分析理論は乳児論的唯物論と鮮明に対照され対比されつつ批判的に捉えられることになる。

それにしても、こうして精神分析理論が乳児論的唯物論に取って代わることは、何を意味するのか。この意味は、精神分析理論の形成には、あらかじめ乳児論的唯物論が存立していることが必要であり、乳児論的唯物論は、精神分析理論の形成にあたって確実な土台を提供するばかりでなく精神分析理論にことごとく置換され跡形もなくなってしまう先行的な理論としての基礎理論なのだということである。

第二章　註

▼1　『アンチ・オイディプス』の第一章において①接続的総合、②離接的総合、③連接的総合の順で説明したドゥルーズ＝ガタリが第二章で論じる順序は、以下のように第一章での論述の順序にしたがったものである。①接続的総合の包括的かつ特殊的使用とそれに関連した精神分析の第一の誤謬推理：外挿法、②離接的総合の排他的かつ制限的使用とそれに関連した精神分析の第二の誤謬推理：オイディプス的ダブルバインド、③連接的総合の隔離的かつ一対一対応的使用とそれに関連した精神分析の第三の誤謬推理：一対一対応の「適用」としてのオイディプス、④精神分析の第四の誤謬推理：抑圧されたものの置換あるいは歪曲、⑤精神分析の第五の誤謬推理：事後の順である。しかしこうした論述の流れにもかかわらず、複数の接続的総合の離接的総合から、私と認識内容との相関への変容のプロセスは、本文にあるように進んでいく。

▼2　〈これであれ、あれであれ〉という離接の形式と、〈これか、あれか〉という離接の形式との違いについては、後の「離接的総合の排他的かつ制限的使用」で説明する予定である。

▼3　以上の議論は、次のように解釈することができる。複数の接続的総合がファルスという性器という欲望機械を中心として全体化され統一されることで形成された完全対象は、有機体にほかならず（ファルスという性器を中心としているので）「ファルス」と呼ばれる。そして、ファルスという有機体が超越的なものとして、イメージとしての母と近親相姦することを禁じ、イメージとしての父の地位を占めることを禁じることで、私が生まれ、父－母－私というオイディプス三角形が構成される。このとき、イメージとしての母は、私によって認識された感覚像としての母（＝母の感覚像）でも、私によって意識された心像としての母（＝母の心像）でもなく、私が認識することも意識することもできない無意識的像としての母であり、それと同様にイメージとしての父も無意識的像としての父である。また、ファルスという有機体は、私の身体（＝私の有機体）であり、私はたとえば感覚像としての手（＝手の感覚像）を認識することができるものの、私の身体それ

私が認識することも意識することもできない無意識的像としてのXを表している。

る。なお、本書で「イメージとしてのX」という場合、それは右に述べたイメージとしての母と同じように、

イメージとしての母とイメージとしての父という二つの無意識的像から生み出したものということができ

象なのである。このことから、私というのは、先行的に形成された身体（＝有機体）という無意識的対象が、

自体を認識することはかなわない。それゆえに、私の身体は、私には認識不可能で意識不可能な無意識的対

▼4

オイディプス三角形において、私は男性の場合、（イメージとしての母が投影された）感覚像としての母と近親相姦し、（イメージとしての父が投影された）感覚像としての父の地位を占めることを欲望する。このように欲望するのは、ファルスが私に対して、イメージとしての母と近親相姦しイメージとしての父の地位を占めることを禁止していることに背いてなので、欲望することによって、私には「罪責感（culpabilité）」＝「良心の呵責（mauvaise conscience）」が生じる。また、私は、感覚像としての父の地位を占めることを欲望することで、受動的態度を拒否し、感覚像としての父に反抗するために、その報復として、感覚像としての父によって「去勢（castration）」される（＝感覚像としてのペニスを切りとられる）のではないかという不安をもつ。このとき、（ファルスが投影された）感覚像としての精神分析家は、こうした私に対して、感覚像としての父への反抗を断念し、去勢（＝感覚像としての母と近親相姦し感覚像としての父の地位を占めることへの欲望の断念）を受け入れる（ことで、感覚像としての母とは別の感覚像としての女性を欲望の対象とし、男性という自分の性を受け入れる）ように教えるとされる。そして、これが治療（＝精神分析）である。

一方、オイディプス三角形において、私は女性の場合、去勢されている（＝感覚像としてのペニスがない）から、感覚像としてのペニスを欲望し、その結果として、（イメージとしての父が投影された）感覚像としての父と近親相姦し（感覚像としてのペニスの代理として、感覚像としての父の感覚像としての子供を獲得し）、（イメージとしての母が投影された）感覚像としての母の地位を占めることを欲望する。そのさい、ファルスが私に対して、イメージとしての父と近親相姦しイメージとしての母の地位を占めることを禁止していること

に背いて、このように欲望するので、私には罪責感＝良心の呵責が生じる。このとき、（ファルスが投影された）感覚像としての精神分析家は、こうした私に対して、去勢（＝感覚像としての父と近親相姦し感覚像としての母の地位を占めることへの欲望の断念）を受け入れ、感覚像としてのペニスへの欲望を断念する（ことで、去勢されていることを受け入れ、女性という自分の性を受け入れる）ように教えるとされる。そして、これが治療（＝精神分析）である。

▼5 オイディプス三角形が抑制の前の欲望的生産を抑圧することは、オイディプス三角形が、前章で述べた器官なき身体が有機体に対して行使する根源的な抑圧を利用して、これに、オイディプス三角形が抑制の前の欲望的生産に対して行使する抑圧を重ねることとして理解することができる。だから、オイディプス三角形が抑制の前の欲望的生産に対して抑圧を行使するときの抑圧は、「二次的な抑圧（refoulement secondaire）」とされる。また、オイディプス・コンプレックス（＝私がイメージとしての母と近親相姦しイメージとしての父の地位を占めている未分化状態）がオイディプス三角形の過去の姿とされるので、▼3で言及したように、オイディプス三角形において私が感覚像としての母と近親相姦し感覚像としての父の地位を占めることを欲望することは、オイディプス・コンプレックスの再現としての「転移（transfert）」とされる。

▼6 この事後は別言すれば、オイディプス三角形は、オイディプス三角形の過去の姿とされるオイディプス・コンプレックスとオイディプス三角形とのあいだの期間である「潜在期（latence）」の後に出現したとされるという事後である。また、オイディプス・コンプレックスは、オイディプス三角形の過去の姿、すなわち私の過去の姿とされるがゆえに、私が心像としてのオイディプス・コンプレックス（＝オイディプス・コンプレックスの心像）として想起し意識することができない無意識的過去である。そして、そのオイディプス・コンプレックスの後に出現したとされるオイディプス三角形におけるイメージとしての父とイメージとしての母という二つの無意識的像のおのおのは、オイディプス・コンプレックスという無意識的過去に対して、それを超えた「彼岸（au-delà）」として位置づけられる。さらに、オイディプス・コンプレックス

という「性愛（sexualité）」は、みずからを二つの彼岸として「昇華（sublimation）」し、昇華によって形成された二つの彼岸を「象徴化（symbolisation）」するとされる。したがって、性愛の象徴であるイメージとしての父とイメージとしての母（＝二つの彼岸）は、「夢（rêve）」とされる。

▼7

私がイメージとしての母と近親相姦しイメージとしての父の地位を占めている未分化状態としてのオイディプス・コンプレックスが、父－母－私というオイディプス三角形の過去の姿とされるのとパラレルに、私がイメージとしての姉妹と近親相姦している未分化状態が、私－妻－子というオイディプス三角形の過去の姿とされる。

▼8

イメージとしての母が生きているからこそ、イメージとしての母と近親相姦することが可能となり、イメージとしての父が死んでいるからこそ、イメージとしての父の地位を占めることが可能となる。したがって、イメージとしての母が生きており、イメージとしての父が死んでいるという条件のもとで、イメージとしての母と近親相姦することを禁じ、イメージとしての父の地位を占めることを禁じることによって、禁じられた私が生まれてくる。このように考えられることから、「死者である」はイメージとしての父（＝主語）の述語であり、「生者である」はイメージとしての母（＝主語）の述語である。

第三章　社会論的唯物論

――『アンチ・オイディプス』第三章を読む

『アンチ・オイディプス』第三章の骨子をなす社会機械の変容

『アンチ・オイディプス』の第二章で構築され提示された精神分析理論における最初の操作は、社会的生産が自身の存立を守り維持するために、自身にとって脅威であり革命的な力である欲望的生産を抑制するというものであった。そうだとすると、ここから、次のような疑問がわいてくるはずである。そもそも社会的生産は、どのようにして成立したのかという疑問である。この素朴な疑問に対して明快に答えてくれるのがほかでもない、『アンチ・オイディプス』の「第三章　未開人、野蛮人、文明人（chapitre 3 sauvages, barbares, civilisés）」での論述なのである。

『アンチ・オイディプス』の第一章の内容を説明した本書第一章で述べたように、論理的観点から考えるとき、器官なき身体（＝〈これであれ、あれであれ〉という離接の形式）が自分の上に複数の接続的総合を登録することによって、複数の接続的総合の離接的総合が形成される。したがって、複数の接続的総合の離接的総合は、器官なき身体という登録の表面の上に複数の接続的総合が登録されたものとみなすことができる。

ドゥルーズ＝ガタリは『アンチ・オイディプス』の第三章において、社会に焦点を当て主題とするときにも、この論理とパラレルに考えようとする。つまり、社会を、登録の表面の上に、家族や共同体（＝複数の家族）や労働力や貨幣や生産手段などといった複数の社会的対象が登録されたものとして捉え、この登録の表面のことを「社会機械（machine sociale）」ないしは「社会体（socius）」と呼ぶ。さらに、時間の経過とともに、社会機械は次々と変容していくとする。

ドゥルーズ＝ガタリによると、最初の社会機械は、「大地（terre）」であり、大地の上には複数の家族が登録されるという。その大地の後に登場してくるのが、「専制君主（despote）」という社会機械であり、専制君主の上には複数の共同体が登録されることになる。こうした専制君主にかわって最後に、「資本（capital）」という社会機械が誕生する。そして、この資本の上には労働力や貨幣や生産手段などが登録されており、労働力と生産手段が結びつくことで社会的生産がおこなわれる。[1]

『アンチ・オイディプス』の第三章での社会に関する議論は、このように大地と専制君主と資本という、社会機械の三つの型に関わる変容として整理されるので、現実の時代区分に対応していることが容易に見てとれるだろう。どういうことかというと、大地という登録の表面の上に複数の家族が登録されたものは、原始社会に対応し、専制君主という登録の表面の上に複数の共同体が登録されたものは、古代専制国家に対応し、資本という登録の表面の上に労働力や貨幣や生産手段などが登録されたものは、近代資本主義に対応しているわけだ。

それゆえに、原始社会から始まり古代専制国家を経由して近代資本主義へと展開していく現実の世界史のダイナミックな流れを、大地から専制君主をへて資本へといたる社会機械の変容プロセスとして理論化することを試みたのが、『アンチ・オイディプス』の第三章の内容であると、さしあたり理解することが可能である。そのさい、理論化された社会機械の変容プロセスは、原始社会から始まり古代専制国家を経由して近代資本主義へと展開していく現実の世界史の忠実な記述ではないことは、あらためていうまでもない。それは、前章で論じたプロセス、すなわち複数の接続的総合の離接的総合がオイディプス・コンプレックスを基体とする私と社会野との相関に変容するプロセスと同様に、原理原則の立場から権利上要請されるものなのである。
以上の概略的な考察を踏まえ、本章では、『アンチ・オイディプス』の第三章での記述に準拠しながら、こうした大地から専制君主をへて資本へといたる社会機械の変容プロセスをあらためて編成し直すことにしよう。そのようにすれば、社会的生産が立ち上がり起動する仕方が、おのずから明らかになるはずである。それというのも、社会的生産がおこなわれるのは、資本という社会機械の上においてであるからだ。

1 大地という社会機械

大地の上に登録された強度的出自という原初のもの

ドゥルーズ＝ガタリによれば、最初の社会である原始社会について、その抽象度を引き上げて考察するならば、それは、二つの「出自（filiation）」と、それらのあいだに結ばれている「縁組（alliance）」という三つの構成要素をもった社会として純化し理論化することができる。そのさい、出自というのは家系（＝家族）のことであり、ある家系に属する成員と別の家系に属する成員とのあいだの結婚を指しているのが縁組である。

だが、こうした二つの出自とそれらのあいだに結ばれている縁組とは、どのようにして生まれるのだろうか。そもそも何をもとにして、二つの出自とそれらのあいだに結ばれている縁組とが、構成され成立するのか。

こうした社会の起こりをめぐるラジカルな問いに答えるためにドゥルーズ＝ガタリがおこなったことは、

二つの出自とそれらのあいだに結ばれている縁組とに先立つものとして、複数の接続的総合の離接的総合を想定することである。要は、本書第一章で詳細に検討した、人間の一生の最初に登場する複数の接続的総合の離接的総合（＝乳児として捉えられる複数の接続的総合の離接的総合）と同じ複数の接続的総合の離接的総合が、人間の歴史のはじめに原初のものとして存在すると理論上想定する。そして、このように想定された複数の接続的総合の離接的総合を前提として、二つの出自とそれらのあいだに結ばれている縁組とが、構成されると考えるわけだ。

本書第一章において見たことと同様に、こうした複数の接続的総合の離接的総合は、〈これであれ、あれであれ〉という離接の形式によって限定され枠づけられた複数の接続的総合という内容として把握されることから、〈これであれ、あれであれ〉という離接の形式と複数の接続的総合とがそれぞれ、複数の接続的総合の離接的総合の論理的起源であるといえる。つまり、論理の上で、〈これであれ、あれであれ〉という離接の形式と複数の接続的総合とが、先んじて存在しており、続いて、自分の上に侵入してこようとする有機体に反発し反作用した〈これであれ、あれであれ〉という離接の形式が、複数の接続的総合を自分の上に登録することで、複数の接続的総合の離接的総合（＝〈これであれ、あれであれ〉という離接の形式によって限定され枠づけられた複数の接続的総合という内容）が、造形されるものと考えることができる。

しかしながら、このような登録という論理上の運動によって、複数の接続的総合の離接的総合が形成され成立すると、その複数の接続的総合の離接的総合において、複数の接続的総合が〈これであれ、あれであれ〉という離接の形式という登録の表面から発現してきたかのような様相を呈することになる。見かけ上、〈これであれ、あれであれ〉という離接の形式が、（〈これであれ、あれであれ〉という離接の形式という登録の表面から、複数の接続的総合が発現した結果である）複数の接続的総合の離接的総合へと発達したかのように見えることについては、やはり本書第一章の議論とパラレルである。

この見かけは、大地から、そこにまかれた複数の種子が発芽してきたかのように見立てることが可能である。この面から、〈これであれ、あれであれ〉という離接の形式は、「大地」と名づけることができる。その一方で、複数の接続的総合のおのおのは、発芽した種子とみなされるので、家系という意味ではなく系譜（＝接続的総合＝複数の欲望機械の接続＝（複数の欲望機械の接続としての）連鎖＝（大地の上に登録されたものとしての）ストック）という意味での「出自」という言葉を使って、「胚種的出自（filiation germinale）」と呼ぶことができる。この胚種的出自は、本書第一章で言及したとおり「強度」と呼ばれる流れを生産するという理由で、「強度的出自（filiation intensive）」とすることができる。

だから、これまでの議論は、以下のようにまとめられるだろう。二つの出自とそれらのあいだに結ばれている縁組とに先立つ原初のものとしての複数の接続的総合の離接的総合は、「複数の強度的出自の離接的総合」といい表される。複数の強度的出自の離接的総合では、生産の生産から登録の生産を経由して消費の生産へといたる一連のプロセスが繰り返し展開されており、そうした複数の強度的出自の離接的総合として把握されるのは、まぎれもなく乳児である。そして、この複数の強度的出自の離接的総合において、複数の強度的出自が大地という登録の表面から発現して、複数の強度的出自の離接的総合が成立してきたかのような様相を呈する。[2]その様相は、大地から、最初の人間が乳児として誕生してきたかのようなものと見立てることができよう。

延長された出自と縁組が強度的出自にかわって登録される大地という社会機械

このようにして、理論的視座から、複数の強度的出自の離接的総合の存在が、人間の歴史の起源において想定される。ここで注意を払うべき点は、複数の強度的出自の離接的総合が大昔に現実に存在していたという荒唐無稽なことをいっているわけではないということである。そんなことではなくて、複数の強度的出自の離接的総合が原初のものとして存在することは、徹頭徹尾理論的な想定なのである。

それでは、原理原則に立ち、権利上の要請という観点から考えるとき、原初のものとしての複数の強度的出自の離接的総合を出発点として、どのようなプロセスをとおって、二つの出自とそれらのあいだに結ばれている縁組とが、形成されるのだろうか。ドゥルーズ＝ガタリにしたがえば、それは、前章で明らかにした抑制から、それを受け継ぐ抑圧による抑圧されたものの置換あるいは歪曲へといたる一続きのプロセスと同じ論理で作動するプロセスであるという。そこで以下において、前章での論述を参照項としながら、このプロセスについての解明を試みてみよう。

複数の強度的出自の離接的総合が原初のものとして想定されるとともに、それには回収することができない別のものが、立ち現れると考えられる。その別のものとは縁組である。なぜならば、強度的出自が接続的総合の部分的かつ非特殊的使用であり、それと対照をなす別のものとして、生産の接続的総合の婚姻的あるいは縁組的使用（＝私－妻－子というオイディプス三角形）を考えることができる。そして、縁組は、身体としての夫という、身体としての包括的人物と、身体としての妻という、身体としての包括的人物との接続、すなわち〈身体としての夫と身体としての妻〉という接続的総合であり、身体としての子という、身体としての包括的人物を生産し、人間の生産（＝「人間の再生産（reproduction humaine）」）をおこなうことになるので、生産の接続的総合の婚姻的あるいは縁組的使用と同一視することができるからである。

接続的総合の部分的かつ非特殊的使用である強度的出自と、生産の接続的総合の婚姻的あるいは縁組的使用と同一視される縁組とのあいだで、一方が他方に還元されてしまうことは断じてないからだ。その意味では、強度的出自と縁組とは、二つの相異なった「原始資本（capital primitif）」ともいうことができる。

こうした二つの原始資本において、縁組の存立は、その外部でありそれとは異他的なものである複数の強度的出自によって脅かされると考えられる。複数の強度的出自は縁組に敵対して、それを吹き飛ばそうとするのである。そのため、縁組は自身の存立を守り維持するために、複数の強度的出自を抑制する。この抑制は、縁組が複数の強度的出自を複数の強度的出自の離接的総合から排除し追い払うことであり、その結果として、大地という登録の表面は、複数の強度的出自が欠如した状態（＝〈……であれ、……であれ〉）に陥る。このような複数の強度的出自の欠如を埋め合わせ補償するのは、縁組が命じた近親相姦の禁止によって構成される二つの出自なのである。これがどういうことかについては、丁寧に述べる必要があるだろう。

縁組によって、身体としての夫と身体としての妻とが接続し婚姻していることから、縁組は、身体としての夫という身体としての包括的人物に、近親相姦すること（＝一体化すること）を禁じる。この禁止によって、近親相姦することが禁じられた（＝近親相姦の禁止の対象となる）二人の人物が生まれ、それと同時にそれらの人物を指し示す二つの呼称が生まれる。それらは、身体としての（夫の）母という、身体としての包括的人物と、その人物を指し示す呼称、および身体としての（夫の）姉妹という、身体としての包括的人物と、その人物を指し示す呼称である。

このとき、いうまでもなく、新たに登場した身体としての母と身体としての姉妹とはどちらも、身体としての夫から明確に区別されている。こうして、身体としての夫と身体としての母と身体としての姉妹という出自（以下、「身体としての夫と身体としての母と身体としての姉妹という出自」を「夫‐母‐姉妹という出自」と表記する）が形作られる。

身体としての妻に関しても、前記に並行する議論が展開されるのは、もちろんのことである。縁組によって、身体としての夫と身体としての妻とが接続し婚姻しているので、縁組は、身体としての妻という身体としての包括的人物に、近親相姦すること（＝一体化すること）を禁じる。この禁止によって、近親相姦することが禁じられた（＝近親相姦の禁止の対象となる）二人の人物が生まれ、それと同時にそれらの人物を指し示す二つの呼称が生まれる。身体としての（妻の）父という、身体としての包括的人物と、その人物を指し示す呼称、および身体としての（妻の）兄弟という、身体としての包括的人物と、その人物を指し示す呼称が、それらである。

これにより、身体としての妻と身体としての父と身体としての兄弟という出自（以下、「身体としての妻と身体としての父と身体としての兄弟という出自」を「妻－父－兄弟という出自」と表記する）が形成される。それというのも、身体としての妻にとって近親相姦の禁止の対象となる身体としての父と身体としての兄弟とはそれぞれ、身体としての妻から区別されているからである。

複数の強度的出自の欠如を埋め合わせ補償するために、大地が社会機械として、こうして生み出された夫－母－姉妹という出自と妻－父－兄弟という出自とを自分の上に登録すると考えられる。そして、このように登録することは、大地が夫－母－姉妹という出自と妻－父－兄弟という出自とをみずからに縛りつけることであり、こうした登録によって、〈夫－母－姉妹という出自であれ、妻－父－兄弟という出自であれ〉が構成される。

ところが、前章の説明と同じように、〈夫－母－姉妹という出自であれ、妻－父－兄弟という出自であれ〉において、夫－母－姉妹という出自と妻－父－兄弟という出自とはおのおの、他方を排除（＝否定）し制限するがゆえに、〈夫－母－姉妹という出自であれ、妻－父－兄弟という出自であれ〉は、〈夫－母－姉妹という出自か、妻－父－兄弟という出自か〉へとその姿を変える。そのため、「大地」という名称が指示する〈これであれ、あれであれ〉という離接の形式は、〈これか、あれか〉という離接の形式になり、「大地」という名称が指示するのはいまや、〈これか、あれか〉という離接の形式となる。

こうして、〈夫－母－姉妹という出自か、妻－父－兄弟という出自か〉という離接的総合が成立する。そして、この離接的総合には、〈身体としての夫と身体としての妻〉という接続的総合である縁組がともなっていることは、自明のことであろう。

この〈夫-母-姉妹という出自か、妻-父-兄弟という出自か〉という離接的総合において、夫-母-姉妹という出自と妻-父-兄弟という出自とはどちらも、諸々の身体としての包括的人物によって構成されており、それらの身体としての包括的人物のおのおのは、多数の器官を全体化し統一した全体・統一性である有機体として把握される。有機体は「延長」と呼ぶことができることについては、本書第一章で言及したとおりなので、ドゥルーズ＝ガタリは、夫-母-姉妹という出自も妻-父-兄弟という出自もいずれも、強度的出自に対して「延長された出自（filiation étendu）」と呼ぶ。そして、二つの延長された出自の離接的総合（＝〈夫-母-姉妹という出自か、妻-父-兄弟という出自か〉）と縁組とからなるシステム（＝共同体）を、「延長システム（système en extension）」と名づける。

また、縁組が、複数の強度的出自を複数の強度的出自の離接的総合から排除し追い払い、複数の強度的出自を失った大地が、社会機械として自分の上に二つの延長された出自を登録することは、大地という社会機械が複数の（欲望的生産をおこない、流れを生産（＝欲望）する）強度的出自を二つの延長された出自に置き換えることとも理解することが可能である。それゆえに、大地の上に登録された個々の延長された出自を（社会的）コードとすれば、その登録は、大地という社会機械が複数の欲望の流れ（＝複数の強度的出自）を「コード化する（coder）」こととして捉えることができる。そして、こうしたコード化によって、〈夫-母-姉妹という出自であれ、妻-父-兄弟という出自であれ〉が形成され、さらに延長システム（＝〈夫-母-姉妹という出自か、妻-父-兄弟という出自か〉という離接的総合と縁組）が樹立される。[3] このとき、〈これか、あれか〉という離接の形式である大地は、「土地（sol）」として現象化し実体化するものと考えられる。

強度的出自という原初のものに取って代わる近親相姦

ドゥルーズ゠ガタリの考えによると、抑圧の対象は抑圧の対象でもあるから、延長システムにおける縁組は、抑制の前の複数の強度的出自（＝抑制の前にさかのぼった過去の複数の強度的出自）を抑圧する。しかし、この抑制という圧力が及ぶ先は、抑制の前の複数の強度的出自ばかりでなく、それを含んだ複数の強度的出自の離接的総合の全体であり、抑制の前の複数の強度的出自の離接的総合（＝抑制の前にさかのぼった過去の複数の強度的出自の離接的総合）なのである。

こうして抑圧された、抑制の前の複数の強度的出自の離接的総合は、抑圧（＝否定）されたのだから、以下の近親相姦に置き換えられることになる。身体としての夫が身体としての母と近親相姦し身体としての姉妹と近親相姦している（＝身体としての妻が身体としての父と近親相姦し身体としての母と近親相姦している（＝身体としての夫が身体としての母と近親相姦し身体としての姉妹と近親相姦している（＝身体としての妻が身体としての父と一体化し身体としての兄弟と近親相姦している）未分化状態、および身体としての妻が身体としての父と一体化し身体としての兄弟と近親相姦している）未分化状態としての近親相姦である。したがって、近親相姦は、抑制の前の複数の強度的出自の離接的総合についての置き換えられた偽りの像ということになる。

このように、抑圧されたもの（＝抑圧された、抑制の前の複数の強度的出自の離接的総合）が近親相姦に置き換えられ、近親相姦へと歪曲されることは、三項体系によって把握し直されるということについては、前章での議論と変わらない。縁組は抑圧する表象作用として、抑制の前の複数の強度的出自（つまり、抑制の前の複数の強度的出自の離接的総合）は抑圧される表象者として、近親相姦は置換される表象内容としてそれぞれ捉えられる。そのとき、抑圧する表象作用による抑圧される表象者に対する抑圧によって、抑圧される表象者（＝抑圧される表象作用（＝抑圧した表象作用）をおこない、置換される表象内容が表象される。要するに、（抑圧される）表象者は、（置換される）表象内容を（抑圧する）表象（作用）

するわけだ。そして、抑圧される表象者が、この置換される表象内容に置き換えられることで、置換される表象内容（＝置換された表象内容）は、抑圧される表象者についての偽りの像となる。

抑圧されたものがこのように置換され歪曲されることにより、夫－母－姉妹という出自と妻－父－兄弟という出自という二つの延長された出自の離接的総合と縁組としての延長システムと、近親相姦とが成立する。そうすると、前章での論述から了解されることだが、禁止から禁止されているものの（欲望されていたという）本性を直接に導き出す、二項体系からなる推理がおこなわれる。

先に述べたように、夫－母－姉妹という出自と妻－父－兄弟という出自とは、縁組が身体としての夫と身体としての妻とのそれぞれに近親相姦を禁止することで構成される。それゆえに、延長システムにおいて、身体としての母と近親相姦し身体としての姉妹と近親相姦すること（＝身体としての母と一体化し身体としての姉妹と一体化すること）が、縁組によって身体としての夫に禁止されており、身体としての父と近親相姦し身体としての兄弟と近親相姦すること（＝身体としての父と一体化し身体としての兄弟と一体化すること）が、縁組によって身体としての妻に禁止されている。

ここで、あの推理が立ち上がる。身体としての母と近親相姦し身体としての姉妹と近親相姦することが、縁組によって身体としての夫に禁止されており、身体としての父と近親相姦し身体としての兄弟と近親相姦することが、縁組によって身体としての妻に禁止されているがゆえに、身体としての母と近親相姦し身体としての姉妹と近親相姦することが、身体としての夫によって欲望されていた（＝身体としての夫によっておこなわれていた）のであり、身体としての父と近親相姦し身体としての兄弟と近親相姦することが、身体としての妻によって欲望されていた（＝身体としての妻によっておこなわれていた）という推理が、それに当たる。

そのさい、身体としての母と近親相姦し身体としての姉妹と近親相姦することが、身体としての夫によって欲望されていたのであり、身体としての父と近親相姦し身体としての兄弟と近親相姦することが、身体としての妻によって欲望されていたという推理の結論は、以下のものと同義である。身体としての夫が身体としての母と近親相姦し身体としての姉妹と近親相姦している未分化状態、および身体としての妻が身体としての父と近親相姦し身体としての兄弟と近親相姦している未分化状態としての近親相姦があった、である。

このことから、前記の推理は、次のように書き換えられよう。（延長システムにおいて）身体としての母と近親相姦し身体としての姉妹と近親相姦することが、縁組によって身体としての夫に禁止されており、身体としての父と近親相姦し身体としての兄弟と近親相姦することが、縁組によって身体としての妻に禁止されているがゆえに、身体としての夫が身体としての母と近親相姦し身体としての姉妹と近親相姦している未分化状態、および身体としての妻が身体としての父と近親相姦し身体としての兄弟と近親相姦している未分化状態としての近親相姦があった、というようにである。こうして、原初のものとして理論上想定された複数の強度的出自の離接的総合に取って代わった近親相姦が、延長システムの過去の姿とされるにいたる。

この近親相姦について注意しなければならないことは、前章で見たオイディプス・コンプレックスとの相違である。オイディプス・コンプレックスは父－母－私というオイディプス三角形の過去の姿とされるだけではない。オイディプス的ダブルバインド（＝〈オイディプス三角形であるか、オイディプス・コンプレックスであるか〉という離接的総合の排他的かつ制限的使用）のもとで、オイディプス三角形の一項をなす私が、（イメージとしての母と近親相姦しイメージとしての父の地位を占めることによって）オイディプス・コンプレックスになることで、神経症としてのオイディプス・コンプレックスが、生じる可能性がある。そうした意味において、オイディプス三角形では、オイディプス・コンプレックスは可能なのである。

それに反して、ドゥルーズ＝ガタリは、近親相姦は延長システムの過去の姿とされる一方で、それは不可能なのだという。とはいえ、近親相姦が不可能であるとは、いったいどういうことなのか。夫‐母‐姉妹という出自が形作られるのは、縁組が身体としての夫に、近親相姦することを禁止することで、身体としての母と身体としての姉妹という諸々の身体としての包括的人物、およびそれらの身体としての包括的人物を指示する諸々の呼称が、生まれることによってであることは、先述したとおりである。ここで、呼称に注目するとき、近親相姦の禁止によって、身体としての包括的人物を指示する呼称が生まれて存在するのだから、そうした呼称の存在の条件をなしているのは、近親相姦の禁止であると考えられる。

こうした夫‐母‐姉妹という出自のもとで近親相姦することが禁止されている身体としての夫が、身体としての母と近親相姦し身体としての姉妹と近親相姦することによって、身体としての夫と身体としての母と身体としての姉妹とが区別されない未分化状態が生み出されるとする。その場合、この未分化状態において、身体としての母も身体としての姉妹もどちらも、その呼称を失うことになる。そのわけは、呼称の存在の条件である近親相姦の禁止が、破られ侵犯されてしまうので、呼称は存在することができなくなるからである。

身体としての夫が、呼称をもった身体としての母と近親相姦し、呼称をもった身体としての姉妹と近親相姦している未分化状態を近親相姦として捉え、近親相姦とは、血縁関係の近い身体としての包括的人物とその呼称とを同時に享受していることだと定義するならば、前の身体としての夫と身体としての母と身体としての姉妹とが区別されない未分化状態は、近親相姦とはいえない道理である。このことは、妻‐父‐兄弟という出自をもとにして、身体としての妻と身体としての父と身体としての兄弟とが区別されない未分化状態が出現する場合にも当てはまるのは、疑問の余地がない。延長システムにおいては、近親相姦が不可能であることの意味は、このようなことなのである。

大地という社会機械の捉え直しとしての大地の表象

以上に説明した、夫－母－姉妹という出自と妻－父－兄弟という出自という二つの延長された出自の離接的総合と縁組としての延長システムを、ドゥルーズ＝ガタリは言語という観点から、すなわち音声言語と文字言語との関係という観点から捉え返そうとする。これによって、延長システムの抽象レベルは高められ、延長システムは「大地の表象（représentation territoriale）」として把握し直されることになる。したがって、延長システムのさらなる理解のために、大地の表象がどういうものなのかを解明しなければならない。[4]

言語という観点から延長システムを捉え直すためには、延長システムを構成する諸要素を、言語に関わるものと見立てる必要がある。それゆえ、ドゥルーズ＝ガタリは、身体としての息子と身体としての母と身体としての（息子の）姉妹という出自と、身体としての娘と身体としての父と身体としての（娘の）兄弟という出自という二つの延長された出自をそれぞれ、「身体（corps）」と見立てる。そして、身体としての娘と身体としての父と身体としての兄弟という出自が、身体としての息子と身体としての母と身体としての姉妹という出自に、身体としての息子の縁組相手として与える身体としての娘を、（身体から発せられる）「声（voix）」と見立てる。この見立てによって、延長システムは言語の次元へと引き上げられ純化されることになる。

こうした見立てに準拠するならば、縁組はこういうことになる。身体としての出自が二つあり、一方の身体としての出自（以下、「一方の身体としての出自」を「出自の身体A」と表記する）が、その「顔（face）」（すなわち「口（bouche）」）から声を他方の身体としての出自（以下、「他方の身体としての出自」を「出自の身体B」と表記する）に向けて発し、出自の身体Bがその声を「聴取（audition）」することとしての「声－聴取（voix-audition）」が、それである。

一般的に音声言語には文字言語が対をなすように、こうした聴取された声には、「手（main）」による「字体（graphisme）」の「表記（graphie）」がともなう。要するに、声－聴取の生起と連動して、次のような「手－表記（main-graphie）」が生じる。それは、出自の身体Aが、その手によって字体を出自の身体Bの上に刻み表記することである。このときの字体は、ドゥルーズ＝ガタリによれば、声に同調し従属していないのであり、声を模倣しそれに類似した再現などではなく声から独立しているとされる。

次のステップに進むために、さしあたり前記の論考をまとめておこう。言語の次元において、出自の身体Aがその顔から声を出自の身体Bに向けて発し、出自の身体Bがその声を聴取し、さらに出自の身体Aがその手によって字体を出自の身体Bの上に刻み、出自の身体Bの上に字体が表記される。このように、聴取に続いて表記が作動し、聴取された声に、それとはまったく似ておらずそれから完全に独立している、表記された字体が組み合わされるのであり、声－聴取と手－表記のカップルが生起する。そのさい、ドゥルーズ＝ガタリの考えでは、出自の身体Bによって聴取された声は、何かを意味するのではなく、出自の身体Bを指示するという指示作用が成り立つ。そして、指示された出自の身体Bの上に字体が表記されているので、この指示作用を土台として、聴取された声が、表記された字体を指示するという共示（＝含意）も成立する。

このような指示と共示の体制において、出自の身体Bは、出自の身体Aから与えられ贈与された声を受けとったのだから、出自の身体Bが受けとった声は、出自の身体Bが出自の身体Aから借りた「負債（dette）」とみなすことができる。この縁組（＝声－聴取）による有限な負債としての「縁組の負債ブロック（bloc de dette d'alliance）」が存在するために、出自の身体Aと出自の身体Bとの関係は、「債権者（créancier）」と「債務者（débiteur）」との関係として理解されなければならない。

こうした負債が返済され、債権者と債務者との不均衡な関係が補償されるのは、「眼－苦痛（œildouleur）」という第三の要素によってである。どういうことかを説明しよう。字体が、債務者である出自の身体Bの上に刻まれ表記されるとき、出自の身体Bは「苦痛（douleur）」を被る。この出自の身体Bが受けた苦痛を、債権者である出自の身体Aがその「眼（œil）」で見つめることで、「快楽（plaisir）」を感じる。

この快楽は、聴取された声と表記された字体というコードに対して、コードの剰余価値ともいえるものであり、出自の身体Bから出自の身体Aへと返済された（＝逆贈与された）反対給付として捉えることができる。こうした出自の身体Aから出自の身体Bへの声の贈与に対する、出自の身体Bから出自の身体Aへの快楽のお返しのおかげで、債権者である出自の身体Aと債務者である出自の身体Bとのあいだにある不均衡は、償われ修復されるにいたる。そして、このような苦痛を見ることでその苦痛から快楽を引き出す眼、苦痛を快楽として評価する眼、これこそが眼－苦痛なのである。

この一連の考察からわかることは、出自の身体Bによって出自の身体Aに引き起こされた（声（＝身体としての娘）の）「損害（dommage）」は、出自の身体Aによる出自の身体Bへの「刑罰（châtiment）」（＝出自の身体Aがその手によって字体を出自の身体Bの上に刻み表記すること）をとおして出自の身体Bが受けた苦痛によって埋め合わされるということである。つまるところ、苦痛は損害の等価物として機能するのであり、「引き起こされた損害＝受けるべき苦痛（dommage causé = douleur à subir）」という負債に関わる方程式が成り立つのだ。

先述した延長システムは、こうした声－聴取と手－表記と眼－苦痛からなり、負債に関わる方程式が成立する大地の表象として捉えることができるわけである。ドゥルーズ＝ガタリはこの大地の表象のことを、一方の出自の身体が負債を負うことから「負債のシステム（système de la dette）」といい、さらに、負債を、それを負った出自の身体への刑罰によって返済する残酷なシステムという意味で「残酷の劇場（théâtre de la cruauté）」とも呼ぶ。

それにしても、こうした負債（つまり、贈与とお返し）をめぐる議論は、何をいおうとしているのか。その議論が意味するのは、出自の身体Aと出自の身体Bとの関係は、交換とはまったく無縁であるという点である。このことを明瞭に理解するために、まず交換から見ていくことにしよう。

前章で説明した接続的総合の包括的かつ特殊的使用における生産の接続的総合の婚姻的あるいは縁組的使用（＝私―妻―子というオイディプス三角形）が構成されるのは、ファルスが私に、自分のイメージとしての姉妹をイメージとしての義理の兄弟に残し、イメージとしての義理の父のイメージとしての妻（＝イメージとしての義理の父が私にイメージとしての娘を与え、それを私が受けとり、私がイメージとしての義理の父からイメージとしての妻）を受けとるという交換を命じることによってである。この命令により、イメージとしての義理の父が私にイメージとしての娘を与え、それを私が受けとり、私がイメージとしての義理の兄弟にイメージとしての姉妹を与え、それをイメージとしての義理の兄弟が受けとることで、交換がおこなわれる。このケースでは、イメージとしての義理の父・イメージとしての義理の兄弟と私とのあいだで、均衡が保たれているのは明らかである。それというのも、交換は双方向的で相互的なやりとりだからである。

こうした交換には還元することが不可能な負債が、出自の身体Aと出自の身体Bとの関係のなかには見出される。出自の身体Aが出自の身体Bに声を贈与し、それを出自の身体Bが受容する一方的で非相互的な行為によって負債が生じ、出自の身体Aと出自の身体Bとのあいだに現れる。贈与し声が欠如したこのような負債にもとづく不均衡が、出自の身体Aと、負債を負い声を蓄積した出自の身体Bとのあいだのこの不均衡は、はじめにあった均衡状態から逸脱してしまった病的な現象（＝結果）などではなく、反対給付としてのコードの剰余価値（＝快楽）を発生させる根源的な原理として位置づけられるものなのだ。

2　専制君主という社会機械

大地という社会機械が登録される専制君主という社会機械

以上において克明に説明した延長システムは、複数存在すると考えることができる。そして、こうした複数の延長システム（＝複数の原始社会）が、それらを専制君主が統治する社会へと進展していくのは、きわめて当然な成り行きであるように思われる。とはいえ、この進展の過程は、どのようなものなのだろうか。ドゥルーズ＝ガタリによると、本書第二章で論じた外挿法と同様の過程が、それに該当するという。そこで、ドゥルーズ＝ガタリの考えにしたがって、この過程について明らかにしてみよう。

縁組が複数の強度的出自を抑制すること、すなわち縁組が複数の強度的出自を複数の強度的出自の離接的総合から排除し追い払うことは、先に見たとおりである。こうして、複数の強度的出自の離接的総合から排除され追い払われた複数の強度的出自（＝複数の〈複数の部分対象の接続〉）は、全体化され統一されることで一つの完全対象になり、この完全対象は「専制君主」という名で呼ばれる。

こうして誕生した専制君主は、大地の外部に行き、大地の外部と一体化するという意味で「脱領土化する（déterritorialiser）」。そして、専制君主（＝完全対象）と大地の外部との一体化による未分化状態から、完全対象と鋭い対照をなす器官なき身体と大地の外部という区別された二項が、生まれてくる。要するに、専制君主は脱領土化する（＝大地の外部と一体化する）ことを経由して、器官なき身体として生まれ変わるのだ。これはいわば、大地の外部としての荒野で専制君主に課された試練をへての、専制君主の再生としてイメージされるような事態である。このことで、「専制君主」という名は、生まれ変わった器官なき身体を指示することになる。

さらに、専制君主（＝器官なき身体）は、すでに成立して存在する複数の延長システムに回帰し、複数の延長システムと一体化する。つまり、複数の延長システムに専制君主が外挿されるわけだ。それにしても、このケースでの一体化はこれまでの議論にのっとるならば、未分化状態を生み出す文字どおりの一体化ではなく、専制君主（＝器官なき身体＝〈これであれ、あれであれ〉という離接の形式）が社会機械として、複数の延長システムを自分の上に登録することであると考えなければならない。

そして、このように登録することは、専制君主が複数の延長システム（＝複数の〈二つの延長された出自の離接的総合と縁組〉）を所有し支配することなのである。この登録は、専制君主という社会機械が、複数のコード化された欲望の流れ（＝諸コード＝複数の延長された出自、つまり複数の延長システム）を「超コード化する（surcoder）」ことといい表すことができ、専制君主という社会機械の上に登録された個々の延長システムは、「超コード（surcode）」とされる。こうした超コード化により、複数の延長システムの離接的総合（＝〈第一の延長システムであれ、第二の延長システムであれ、第三の延長システムであれ、第四の延長システムであれ……〉）が、造形されることになる。

このとき、専制君主のもとで、複数の延長システムは廃棄され打ち捨てられることなく、保存され存続することになるのは、あらためて確認するまでもないだろう。また、専制君主は、複数の延長システムを超コード化し所有・支配していることから、複数の延長システムに対して超越的なものであり、その意味において「国家（Etat）」とされ「法（loi）」とされる。

さらに、個々の延長システムは、専制君主（＝〈これであれ、あれであれ〉という離接の形式）のもとでの内容であり具体的なものであって、元来は複数の強度的出自の離接的総合から成立した最初のものであり原始的なものであるがゆえに、「具体的な始まり（commencement concret）」とみなすことができる。それに対して、専制君主は、〈これであれ、あれであれ〉という離接の形式という意味で「抽象（abstraction）」であり、最初の国家であるという点で「起源（origine）」であると捉えられる。

このような専制君主によって超コード化され所有・支配されているのが、個々の延長システムなので、個々の延長システムにおける土地（＝実体化された大地）は、専制君主によって所有されているはずである。大地が二つの延長された出自を自身の上に登録する意味でそれらを所有する一方で、土地は専制君主による所有の対象になるのである。そして、複数の延長システムの離接的総合において、専制君主という、〈これであれ、あれであれ〉という離接の形式は、専制君主という、身体としての包括的人物として現象化するものと考えられる。だから、一般にイメージされる専制君主という人物は、抽象であり起源である専制君主の実体化であると理解するべきなのである。

専制君主という社会機械としての近親相姦

先に見たように、近親相姦は延長システムの過去の姿とされ、延長システムは近親相姦との関係のなかにあることから、これに並行して、専制君主が複数の延長システムに外挿されることについても、近親相姦という見地から捉え返される必要がある。ドゥルーズ＝ガタリにしたがえば、大地の外部は、専制君主と空間的に隔たったものであるため、専制君主の姉妹と見立てられ、専制君主が大地の外部と一体化すること（＝脱領土化すること）は、専制君主が姉妹と近親相姦すること（＝姉妹と一体化すること）とされる。この専制君主と姉妹との近親相姦は、延長システムにおける縁組に対して「新しい縁組（nouvelle alliance）」とも呼ばれ、専制君主（＝完全対象）はこうした新しい縁組をへて、専制君主（＝器官なき身体）として生まれ変わり変身する。別様に表現すれば、専制君主（＝完全対象）と姉妹との新しい縁組から、子供である専制君主（＝器官なき身体）が、生まれ落ちるのだ。

こうして生まれ落ちた専制君主が、複数の延長システムと一体化すること（＝複数の延長システムを超コード化すること）は、専制君主が母と近親相姦すること（＝母と一体化すること）とされる。なぜならば、複数の延長システムは、複数の延長システムに事後的に後から到来する専制君主に対してすでに成立して存在する先なるものであり、専制君主と時間的に隔たったものであるがゆえに、専制君主の母となぞらえられるからである。そして、専制君主と母との近親相姦は、延長システムにおける延長された出自に対して、「神（＝祖先＝母）」との直接的な出自（filiation directe avec le dieu）ともいわれる。ところが、いま述べたとおり、専制君主にあっては、近親相姦は可能になるというのだ。

この姉妹との近親相姦と母との近親相姦という二重の近親相姦によって、複数の延長システムの離接的総合が形作られ成立すると、本書第一章で言及した複数の接続的総合の場合と同じように、複数の延長システムの離接的総合において、専制君主が専制君主という登録の表面から発現してきたかのような様相を示す。この外見上の運動により、専制君主は複数の延長システムに対する準原因としての役割を担い、複数の延長システムは、その準原因である専制君主からの賜物であるとされる。

このことは、次のように理解することができる。専制君主が複数の延長システム（＝複数の〈二つの延長

延長システムにおいては、近親相姦（＝血縁関係の近い身体との近親相姦）は不可能であるという点に関しては、すでに触れた。その理由は、血縁関係が近く近親相姦の禁止の対象である身体と人物とを一体化し享受すると、その身体としての包括的人物とその呼称とを同時に享受することができなくなるからである。近親相姦（＝血縁関係の近い身体との近親相姦）は、包括的人物とその呼称とを同時に享受する包括的人物から、身体としての包括的人物とその呼称がはがれ落ち失われてしまうので、身体としての包括的人物と一体化し享受すると、その身体としての包括的人物とその呼称とを同時に享受することができなくなるからである。

された出自の離接的総合と縁組＝「臣民（sujets）」に存在を与え、その存在を複数の延長システムが受けと

ることで、複数の延長システムは存在するようになるというようにである。こう理解されるから、複数の延長システムが受けとった存在は、専制君主から借りた負債として位置づけられ、専制君主と複数の延長システムとの関係は、債権者と債務者との関係として捉えられることになる。

しかも、この「存在の負債（dette d'existence）」は、複数の延長システムの存在そのものであり、かりに、複数の延長システムが借りたその存在が有限で、複数の延長システムがそれを専制君主に完済するならば、複数の延長システムは存在することができなくなってしまう。この側面からすれば、存在の負債は完済不可能な「無限の負債（dette infinie）」を形成しているとするほかはない。したがって、存在の負債は返済され続けなければならない。このような永続する返済の手段として登場するのがほかでもない、「貨幣（argent）」なのである。こうして、複数の延長システムの離接的総合には、専制君主が複数の延長システムを超コード化し所有・支配しており、債務者である複数の延長システムが、債権者である専制君主に存在の負債を貨幣によって返し続けるというヒエラルキーの構図が、立ち現れる[5]（そしてこの構図において、大地が実体化し、それに続いて専制君主が実体化することになる）。

そのような状況下で、ドゥルーズ＝ガタリによれば、複数の延長システムは専制君主によって超コード化され所有・支配されているがゆえに、その超コード化と所有・支配から逃れようとする。そのさい、専制君主は複数の延長システムの試みの阻止に向かうのは、明白である。つまり、専制君主は、専制君主による超コード化と所有・支配から逃れようとする複数の延長システムを、専制君主によって超コード化され所有・支配された状態に押し戻すという意味で抑圧するわけだ。

こうした専制君主による複数の延長システムに対する抑圧は、あの抑圧する表象作用と抑圧される表象者と置換される表象内容という三項体系の視座から把握し直すことができる。先述したことを思い出せば、延長システムにおいて、抑制の前の複数の強度的出自（つまり、抑制の前の複数の強度的出自の離接的総合）

に対する縁組の抑圧によって、抑圧されたもの（＝抑圧された、抑制の前の複数の強度的出自の離接的総合）は、近親相姦に置換され歪曲される。このとき、近親相姦は置換される表象内容であった。

そうした延長システムに関わる近親相姦の一方で、専制君主は姉妹と近親相姦していたし、母と近親相姦しているので、専制君主は、専制君主と姉妹との近親相姦、および専制君主と母との近親相姦としての近親相姦とみなすことが可能である。そして、専制君主と姉妹との近親相姦、および専制君主と母との近親相姦としての近親相姦（＝専制君主）が、抑圧を行使するがゆえに、この近親相姦は、今度は、抑圧する表象作用として捉えられるのである。

このように、専制君主（＝近親相姦＝抑圧する表象作用）が、専制君主による超コード化と所有・支配から逃れようとする複数の延長システムを抑圧することで、複数の延長システムは、専制君主によって超コード化され所有・支配された状態に立ち戻る。この専制君主によって超コード化され所有・支配された状態は、専制君主による超コード化と所有・支配から逃れ、その外に出て自由になろうとする顕在化の動きに対して、「潜在（latence）」的な状態とすることができる。

また、専制君主による超コード化と所有・支配から逃れようとする複数の延長システムに対する専制君主の抑圧は、専制君主が、専制君主による超コード化と所有・支配から逃れようとする複数の延長システムに対して行使する「復讐（vengeance）」と見立てることが可能である。このため、複数の延長システムの離接的総合のなかに保存され存続している延長システムが、すでに見たように残酷の劇場として捉えられるのに対して、複数の延長システムの離接的総合の総体は、専制君主によって復讐がなされる体制としての「恐怖の体制（régime de la terreur）」として把握することができる。

専制君主という社会機械の捉え直しとしての帝国の表象

言語という視点から、延長システムは声－聴取と手－表記と眼－苦痛という三つの要素からなる大地の表象として理解し直されることについては、先に論述した。ドゥルーズ＝ガタリはこうした言語的なコンテクストにもとづいて、専制君主に関しても「帝国の表象（représentation impériale）」としてあらためて捉え直そうとする。とはいえ、帝国の表象とは、どのようなものなのだろうか。以下において、この問いに対して答えてみたいと思う。

そうとはいうものの、帝国の表象について説明するためには、まず大地の表象の特徴を簡単に振り返っておく必要がある。大地の表象では、出自の身体によって聴取された声に、その出自の身体への手による字体の表記がともなう。これによって、聴取された声に同調し従属することなくそれから独立している、表記された字体が、その聴取された声に組み合わされる。

この（相互に独立しているという意味で）お互いに異質で断絶した声と字体においては、出自の身体によって聴取された声が、その出自の身体を指示するという指示作用が働き、その指示に依拠して、出自の身体によって聴取された声が、その出自の身体に表記された字体を指示するという共示（＝含意）の関係も成り立つ。このような声と字体とのあいだの異質性と断絶は、眼によって補われ満たされる。それというのも、眼は、字体が表記され刻印されるさいに出自の身体が受ける苦痛を見ることによって、快楽を感じるからである。

こう要約される大地の表象と鮮やかなコントラストをなすのはほかでもない、帝国の表象なのである。大地の表象の場合と同じように、専制君主をめぐる諸要素を言語に関するものと見立てなければ、専制君主について言語という視座から純化して捉え返すことはかなわない。そこで、ドゥルーズ＝ガタリによって、専制君主の姉妹と母とはそれぞれ声と見立てられ、他方で専制君主は字体と見立てられる。

これらの見立てによって立ち上がった言語に関わる水準にもとづいて考えるならば、専制君主が姉妹と近親相姦し母と近親相姦することは、字体が、出現した声（＝姉妹）の上に折り重なり、その声に同調し従属し、さらに、消え去る声（＝姉妹）と交代して出現した別の声（＝母）の上に折り重なり、その声に同調し従属することであると解釈することができる。そのとき、字体は、声（＝姉妹）に同調し従属した文字と、声（＝母）に同調し従属した文字の線形状の連鎖（つまり、声（＝姉妹）を書きとった文字と、声（＝母）を書きとった文字の流れ（＝ならび））としての「エクリチュール（écriture）」になるものと考えられる。

ドゥルーズ＝ガタリの考えでは、このような二つの声に同調し従属したエクリチュールは、今度は、自身に二つの声を同調させ従属させることで、二つの声との関係を逆転させる。こうした二つの声がエクリチュールに同調し従属した局面において、エクリチュールは二つの声に対する「超越的対象（objet transcendant）」であるといえる。

そしてこの局面では、〈エクリチュールを構成している一つの文字は、声（＝姉妹）を意味する〉という、文字が声に一対一に対応する関係が成り立ち、〈エクリチュールを構成しているいま一つの文字は、声（＝母）を意味する〉という、文字が声に一対一に対応する関係が成り立つ。その理由は、たとえば、書かれた漢字が読めない場合、その漢字の読み方を知れば、おのずとその意味がわかるのと同じように、書かれた文字の意味は、その文字を発音した音としての声であると考えられるからである。こうして、ここで機能するのは、大地の表象における声による指示作用とは著しく異なったエクリチュールによる意味作用なのである。

それゆえに、エクリチュールは、何かを意味する記号としての「シニフィアン（signifiant）」として捉えられ、二つの声のそれぞれは、そのシニフィアンを構成している文字に対する概念（＝意味）としての「シニフィエ（signifié）」として捉えられる（したがって、二つのシニフィアンの総体は、シニフィアンに対する概念

(=意味)となる)。このようなシニフィアンとシニフィエからなる体制、これこそが帝国の表象に相当するのである。

すでに述べたように、延長システムは大地の表象として理解され、複数の大地の表象として理解される複数の延長システムは、専制君主の母となぞらえられ、専制君主の母は声と見立てられる。そのため、帝国の表象において、エクリチュールに同調し従属した声(=母)は、複数の大地の表象ということになる。だから、複数の大地の表象は、エクリチュールのもとで維持され存続しており、声－聴取と手－表記と眼－苦痛という大地の表象の三要素は、帝国の表象のなかで作動している。だが、エクリチュールは、もはや出自の身体に刻印されるのではなく、板や石や書物に書き込まれているとするならば、こうしたエクリチュールに対しては、口は(声を)発するのではなく(エクリチュールが捧げられ注入されることで聖別された水である聖水を)飲み、眼は(苦痛を)見るのではなく(エクリチュールを)読み、出自の身体は(字体を)刻ませるのではなく(エクリチュールの前で)平伏するものと考えることができる。

原国家としての専制君主にもとづく国家の進化

以上に見てきた帝国の表象として捉え直されるのが、複数の延長システムの離接的総合なのである。この複数の延長システムの離接的総合において、専制君主は、専制君主による超コード化と所有・支配から逃れようとする複数の延長システムを抑圧することで、潜在的な状態に強制的に押し戻すことについては、右に触れたとおりである。また、この抑圧は、専制君主による超コード化と所有・支配から逃れようとする複数の延長システムに対する、専制君主による復讐とみなすことができるものであった。

そうなると、潜在状態(=潜在的な状態)に押し戻された複数の延長システムが、専制君主に反抗し、ついには専制君主による超コード化と所有・支配から離反することにいたるのは、自然な流れであろう。前記の復讐に対して、潜在状態に押し戻された複数の延長システムによる、専制君主に対するそうした複数の延長システムによる、専制君主に対する反抗は、そうした複数の延長システムによる復讐は、複数の延長システムに対する「怨恨（ressentiment）」とみなすことができる。したがって、専制君主による復讐を引き起こすわけだ。

こうした復讐に対抗して事後に生じる怨恨によって、潜在状態に押し戻された複数の延長システムは、専制君主による超コード化と所有・支配から離反し脱することになる。そのさい、ドゥルーズ＝ガタリは、専制君主による超コード化と所有・支配から離反し脱することを「脱コード化する（décoder）」ことと表現し、専制君主による超コード化と所有・支配から離反し脱した延長システムといい表す。それゆえに、潜在状態に押し戻された複数の延長システムを脱コード化した、すなわち複数脱コード化した延長システムは脱コード化し、複数の脱コード化した流れ（＝複数の、専制君主による超コード化と所有・支配から離反し脱した延長システム）が立ち現れるわけだ。

このとき、脱コード化した流れは、土地とそこに登録され縛りつけられた二つの延長された出自とそれらのあいだの縁組（すなわち共同体）であり、専制君主による超コード化と所有・支配から逃れているため、見方を変えれば次のように捉えることも可能である。それは、（土地と貨幣からなる）私有財産を所有しており、生産物を生産する生産者たちである。だから、生産物のなかから商品（＝販売を目的とした物）となるものがあり、生産者たちが、そうした商品（＝商品となった生産物）を別の生産者たちに売って得た貨幣によって、さらに別の生産者たちから他の商品を買うことになる。つまり、貨幣が商品と商品とのあいだの交換を仲介することで、複数の脱コード化した流れ（すなわち複数の共同体）のあいだに商品流通と貨幣反し脱した延長システム）が立ち現れるわけだ。

こうした複数の脱コード化した流れは、かつて自身を抑圧して潜在状態に置いた専制君主に襲いかかり攻撃して、それを打倒し転覆させると考えられる。この専制君主の打倒は、専制君主をこの世からあの世流通が生起する。

へと葬り、顕在的な状態から潜在的な状態に移行させることとして理解することができる。

ところが、ドゥルーズ＝ガタリの議論では、専制君主という国家を打倒した複数の脱コード化した流れは、国家を再建するという。この複数の脱コード化した流れによる国家の再建は、以下のような複雑なステップを踏むことによってはじめて実現される。まず、複数の脱コード化した流れは、潜在状態の専制君主（＝潜在的な状態にある専制君主）をモデルと見立て、モデルとしての潜在状態の専制君主にもとづいて国家（＝〈これであれ、あれであれ〉という離接の形式）を作る。次に、複数の脱コード化した流れはその国家に、国家の上に複数の脱コード化した流れを登録することを命じ、そのように命じた複数の脱コード化した流れにその国家が従属し、みずからの上にそれらの流れを登録するというプロセスである。

具体的な始まりである延長システムに対して、専制君主は（〈これであれ、あれであれ〉という離接の形式という意味で）抽象であり、（最初の国家なので）起源であることは、先述したとおりである。それに加えて、モデルとしての潜在状態の専制君主は、それにもとづいて作られた国家との関係においても、抽象であり起源であるということができる。その理由は、モデルとしての潜在状態の専制君主は、モデルという意味で抽象であり、最初の国家なので起源であると考えられるからである。

モデルとしての潜在状態の専制君主はこのように抽象であり起源であるので、ドゥルーズ＝ガタリはそれを「原国家（Urstaat）」と呼ぶ。その一方で、原国家にもとづいて作られた国家は、原国家（＝抽象）が具体的になったものとみなすことができる。こうした点を念頭に置きつつ、前に述べた国家の再建のプロセスを捉え返してみよう。なお、そのプロセスは、次のようなものであった。①複数の脱コード化した流れは、潜在状態の専制君主をモデルと見立て、原国家（＝モデルとしての潜在状態の専制君主）にもとづいて国家を作る、②複数の脱コード化した流れは、原国家にもとづいて作られた国家に、国家の上に複数の脱コード化した流れを登録することを命じ、そのように命じた複数の脱コード化した流れに、原国家にもとづいて作られた国家が従属し、みずからの上にそれらの流れを登録する、である。
潜在状態の専制君主をモデルと見立てることを、潜在状態の専制君主を「精神化する（spiritualiser）」ことといい表し、「精神化」という言葉をモデル化という意味で使えば、国家の再建のプロセスの前半（＝①）はこうなろう。複数の脱コード化した流れは、潜在状態の専制君主を精神化し、原国家（＝精神化された潜在状態の専制君主）にもとづいて国家を作る、である。このことは、原国家にもとづいて作られた国家は、原国家が具体的になったものだから、複数の脱コード化した流れが原国家を「具体化する（concrétiser）」こととして把握し直すことができる。

また、具体的になった原国家（＝原国家にもとづいて作られた国家＝〈これであれ、あれであれ〉という離接の形式）の上に複数の脱コード化した流れを登録することは、複数の脱コード化した流れを「規制（régulation）」することであると考えられる。ドゥルーズ＝ガタリはこのように登録することを、複数の脱コード化した流れを「再コード化する（recoder）」ことと表現し、具体的になった原国家の上に登録された個々の脱コード化した流れを、コード（＝作り直された超コード）とする。

そうすると、国家の再建のプロセスの後半（＝②）は、以下のようになる。複数の脱コード化した流れは、具体的になった原国家に、複数の脱コード化した流れを再コード化することを命じ、そのように命じた複数の脱コード化した流れに、具体的になった原国家が従属し、それらの流れを再コード化する、である。これについては、複数の脱コード化した流れが、具体的になった原国家によって規制されるようにみずから進んでふるまうのであり、具体的になった原国家という法をみずからに課し取り入れるとも理解される。だから、これは、複数の脱コード化した流れが（具体的になった）原国家を「内在化する（intérioriser）」こととしてシンプルに捉えることが可能であろう。

以上からただちにいえることは、複数の脱コード化した流れは自己規制するという目的のために、原国家を具体化し、（具体的になった）原国家を内在化するということである。したがって、複数の脱コード化した流れが原国家を具体化することと、複数の脱コード化した流れが（具体的になった）原国家を内在化するコード化することの二つの過程であり、「国家の進化（évolution de l'État）」とは、原国家が「具体的になること（devenir-concret）」と、（具体的になった）原国家が「内在的になること（devenir-immanent）」とからなっている。そして、複数の脱コード化した流れによる具体化と内在化は、具体的になった原国家が、専制君主のように複数の脱コード化した流れに従属し、それらの流れを再コード化し所有・支配するのではなく、複数の脱コード化した流れに従属し、それらの流れを超コード化し規制することを引き起こすのだ。

こうして、複数の脱コード化した流れの離接的総合（＝〈第一の脱コード化した流れであれ、第二の脱コード化した流れであり、第三の脱コード化した流れであれ、第四の脱コード化した流れであれ……〉）が、形成されるにいたる。そしてここには、精神化された潜在状態の専制君主と、内在化された（具体的になった）原国家＝これであれ、という離接の形式）が、現象化し実体化することになるのは、いうまでもないことだろう。また、すでに説明した複数の延長的になった）原国家すなわち「進化した国家（État évolué）」とが存在する。複数の脱コード化した流れの離接的総合において、

このようにして形作られた複数の脱コード化した流れが、複数の脱コード化した流れの離接的総合では、複数の脱コード化した流れの離接的総合における専制君主と同様に、複数の脱コード化した流れを再コード化し規制している具体的になった原国家＝進化した国家（＝複数の脱コード化した流れの離接的総合）という登録の表面から発現してきたかのような様相を呈する。そして、この外見上の運動によって、進化した国家は複数の脱コード化した流れに対する準原因となり、複数の脱コード化した流れは進化した国家からの賜物であるとされるのは、先に論じた複数の延長システムの離接的総合のケースとまったく同じである。

ここで、複数の脱コード化した流れというのは、（縁組をともなった）二つの延長された出自が土地の上

に登録され縛りつけられたもの（＝脱コード化した流れ）が、複数存在したものであり、いい換えれば複数の延長された出自が複数の延長されたものであるとされるということは、こうことになる。の延長された出自が複数の延長された国家からの賜物であるとされるということは、こう把握することができるのではなかろうか。進化した国家が複数の延長された土地を貸すことで、その複数の土地を借りた複数の延長された出自は、複数の脱コード化した流れとして存在することができるようになるというようにである。

それゆえに、進化した国家と複数の延長された出自とのあいだに、債権者と債務者との関係が成り立つばかりでなく、複数の延長された出自が負った複数の土地という負債は、前述した存在の負債とパラレルに、完済不可能な無限の負債をなしている。そのため、債務者である複数の延長された出自が、債権者である進化した国家に対して、複数の土地を、借地料である地代によって返し続けるという事態が生起することになる。

3 資本という社会機械

労働者と貨幣との連接としての公理系

このようにして成立した複数の脱コード化した流れの離接的総合において、複数の脱コード化した流れが規制されている。ドゥルーズ＝ガタリによれば、こうした複数の脱コード化し脱領土化した流れが、脱コード化された流れとしての複数の再コード化された流れが、脱コード化した流れとしての複数の再コード化された流れとして規制されている国家によって再コード化され規制されている。進化した国家によって再コード化された脱コード化した流れとしての複数の再コード化された流れが、脱コード化し脱領土化するということを契機として、資本（＝「資本主義（capitalisme）」）が誕生するという。このドゥルーズ＝ガタリの議論を読み替え翻案しつつ、資本の誕生の過程を解き明かそうと試みたのが、以下の論述である。

　複数の脱コード化した流れの離接的総合のもとで複数の再コード化された流れのそれぞれ（＝再コード化された（脱コード化した）流れ）は、前述したことからわかるように、再コード化され規制された延長システム（＝共同体）である一方で、再コード化され規制された生産者たちとして捉えることができ、その生産者たちは（土地と（商品となった生産物と生産物のあいだの交換を仲介する）貨幣からなる）私有財産を所有しており、生産物を生産する。[6] こうした複数の再コード化された流れ（＝複数の共同体）のあいだの商品流通と貨幣流通を条件として出現してくるのは、商人資本（＝商品を安く買って高く売る資本）と高利貸資本（＝生産者に高利で貨幣を貸し付ける資本）にほかならない。このようにして生まれることから、商人資本と高利貸資本とはおのおの、生産者たちによる生産物の生産との縁組関係のもとにあり、その意味で「縁組資本（capital d'alliance）」として特徴づけることができる。

　その二つの縁組資本を担った複数の脱コード化した流れの離接的総合において、複数の再コード化された流れは自由を得るために、進化した国家による再コード化と規制とから脱すると考えられる。複数の再コード化された流れが脱コード化することは、このような事態を指す。こうして現れた複数の脱コード化した流れの個々の流れは、二つの延長された出自の離接的総合と縁組としての延長システム（＝（縁組をともなった）二つの延長された出自が土地の上に登録され縛りつけられたもの）であるので、二つの延長された出自は、さらにいっそうの自由を求めて、土地の上への登録と縛りつけから離脱するという意味で脱領土化することになる。

　こうして、複数の脱コード化し脱領土化した延長された出自と、それに連動して脱コード化し脱領土化した商人資本・高利貸資本とが立ち現れる。そして、前者は脱コード化し脱領土化した「労働者（travailleur）」

（＝複数の賃金労働者の集まりとしての労働者）の流れとして、後者は脱コード化し脱領土化した貨幣の流れとしてそれぞれ組織される。そのさい、脱コード化し脱領土化した労働者の流れとはもちろん、労働力をもち、それを商品として自由に売ることができると同時に、生産手段（つまり土地）をもたない労働者のことである。また、脱コード化し脱領土化した貨幣の流れとは、（土地を含む）生産手段をもち、労働力という商品を買うことができる貨幣であることは、いうまでもない。

したがって、ここに出現するのは、次のような異なった二つの流れである。脱コード化し脱領土化した労働力の流れをもった、脱コード化し脱領土化した労働者の流れ（以下、「脱コード化し脱領土化した労働力の流れをもった、脱コード化し脱領土化した労働者の流れ」を「脱コード化し脱領土化した労働者の流れ」と表記する）が、その一つである。いま一つは、（脱コード化し脱領土化した（＝商品ではない土地から脱した）土地の流れ、すなわち商品として売ることができる土地の流れ（という生産手段の流れ）を含む）脱コード化し脱領土化した生産手段の流れをもった、脱コード化し脱領土化した貨幣の流れ（以下、「脱コード化し脱領土化した生産手段の流れをもった、脱コード化し脱領土化した貨幣の流れ」を「脱コード化し脱領土化した貨幣の流れ」と表記する）である。

そうすると、脱コード化し脱領土化した労働者の流れは、脱コード化し脱領土化した労働力の流れを商品として売るために、脱コード化し脱領土化した貨幣の流れに近づき、他方で、脱コード化し脱領土化した貨幣の流れは、脱コード化し脱領土化した労働力の流れという商品を買うために、脱コード化し脱領土化した労働者の流れに近づいていく。こうして、脱コード化し脱領土化した労働者の流れと、脱コード化し脱領土化した貨幣の流れとが、出会い遭遇することによって、脱コード化し脱領土化した労働者の流れと脱コード化し脱領土化した貨幣の流れとの遭遇（＝遭遇した脱コード化し脱領土化した労働者の流れと脱コード化し脱領土化した貨幣の流れ）が、形成される。

しかし、脱コード化し脱領土化した労働者の流れの出所と、脱コード化し脱領土化した貨幣の流れの出所とはそれぞれ、複数の脱コード化した流れの離接的総合における複数の延長された出自と商人資本・高利貸資本とであるがゆえに、この二つの脱コード化し脱領土化した流れはもとより、異なった二つの流れとして別々に存在する。だから、この二つの脱コード化し脱領土化した流れが遭遇することは、起こらないことも十分にありえたはずである。

そのことを考慮に入れると、二つの脱コード化し脱領土化した流れが遭遇することは、必然的にではなく偶然に生じるものなのである。二つの脱コード化し脱領土化した流れが別々に存在することと、二つの脱コード化し脱領土化した流れが遭遇することとは、連続しておらず、それらのあいだに切断線が走っているのであり、二つの脱コード化し脱領土化した流れが別々に存在することから、この切断線を偶然越えることで、二つの脱コード化し脱領土化した流れが遭遇することが、偶発的な出来事として生起するのだ。脱コード化し脱領土化した労働者の流れと脱コード化し脱領土化した貨幣の流れとの遭遇が構成されるのは、このように偶然によってなのである。そして、この二つの脱コード化し脱領土化した流れの遭遇に対して、ドゥルーズ＝ガタリは「公理系（axiomatique）」という名称を与える。[7]

この公理系は、以下のように定式化することができる。〈だから、これ（＝脱コード化し脱領土化した労働者の流れ）は脱コード化し脱領土化した貨幣の流れである〉としての連接的総合と、〈だから、これ（＝脱コード化し脱領土化した貨幣の流れ）は脱コード化し脱領土化した労働者の流れである〉としての連接的総合が、その定式である。

つまり、脱コード化し脱領土化した労働者の流れの存在を前提として、それがもつ脱コード化し脱領土化した労働力の流れという商品を買うことになる脱コード化し脱領土化した貨幣の流れが成立するという意味で、脱コード化し脱領土化した労働者の流れに、脱コード化し脱領土化した貨幣の流れが連接する

《だから、これ（＝脱コード化し脱領土化した労働者の流れ）は脱コード化し脱領土化した貨幣の流れである》）。

そして、脱コード化し脱領土化した貨幣の流れの存在を前提として、それに脱コード化し脱領土化した労働力の流れを商品として売ることになる脱コード化し脱領土化した労働者の流れが成立するという意味で、脱コード化し脱領土化した貨幣の流れに、脱コード化し脱領土化した労働者の流れが連接する（《だから、これ（＝脱コード化し脱領土化した貨幣の流れ）は脱コード化し脱領土化した労働者の流れである》）。

これ（＝脱コード化し脱領土化した貨幣の流れ）は脱コード化し脱領土化した労働者の流れにほかならない。また、このように公理系という用語が採用されるため、二つの脱コード化し脱領土化した流れが出会い遭遇することで、二つの脱コード化し脱領土化した流れの連接としての、つまり二つの脱コード化し脱領土化した労働者の流れと脱コード化し脱領土化した貨幣の流れとが「公理系化する（axiomatiser）」ともいうことができる。

このように、二つの脱コード化し脱領土化した流れが相互に前提とし合うのであり、二つの脱コード化し脱領土化した流れがお互いに連接し合う。こうした二つの脱コード化し脱領土化した流れの遭遇としての、つまり二つの脱コード化し脱領土化した流れの連接としての公理系が形作られることは、脱コード化し脱領土化した労働者の流れと脱コード化し脱領土化した貨幣の流れとが「公理系化する（axiomatiser）」ともいうことができる。

公理系に由来する資本という社会機械において生み出される人間による剰余価値

こうして造形された公理系のもとで、脱コード化し脱領土化した労働力の流れを商品の流れとして、脱コード化し脱領土化した労働者の流れから、脱コード化し脱領土化した労働力の流れという商品の流れを買う。この売買により、賃金の流れを得た労働者すなわち〈賃金の流れと労働力の流れ〉という接続的総合と、労働力の流れを得た〈土地を含む〉生産手段すなわち〈労働力の流れと〈土地を含む〉生産手段〉という接続的総合とが、形作られる。

そして、これらの接続的総合は、相互に排除（＝否定）し制限し合うことから、〈これか、あれか〉という離接の形式のもとで離接することになる。こうして、〈賃金の流れと労働者〉という接続的総合と〈労働力の流れと生産手段〉という接続的総合の離接的総合（＝〈［賃金の流れと労働者］か、［労働力の流れと生産手段］か〉）が、成立するものと考えられる。

そのため、〈これか、あれか〉という離接の形式の上に、〈賃金の流れと労働者〉という接続的総合と〈労働力の流れと生産手段〉という接続的総合とが、登録されていることになるので、〈これか、あれか〉という離接の形式は社会機械（＝登録の表面）ということになる。そして、この〈これか、あれか〉という離接の形式という社会機械にドゥルーズ＝ガタリが付与する名は、「資本」なのである。

さらに、〈賃金の流れと労働者〉という接続的総合と〈労働力の流れと生産手段〉という接続的総合とは、資本の上に登録されているがゆえに、資本という登録の表面から発現してきたかのような様相を呈することは、これまでの論述と変わらない。資本は、そもそも公理系をもとにして後から生まれてきたにもかかわらず、この外見上の運動により、〈賃金の流れと労働者〉という接続的総合と〈労働力の流れと生産手段〉という接続的総合に対する準原因として見立てられる。ここに、資本の倒錯した物神性を見出すことができる。

こうした〈賃金の流れと労働者〉という接続的総合と〈労働力の流れと生産手段（＝労働手段と労働対象）〉という接続的総合の離接的総合において、労働力の流れが、（道具・機械等と労働対象の容器（たとえば管・桶等）とからなる生産用具や、土地等の場所といった）労働手段を用いて、（土地という天然物や、原料という生産物や、補助原料という労働手段・労働対象に使用される生産物（たとえば石炭・潤滑油・染料等）といった）労働対象に対して労働することによって、商品の流れと新たな生産手段とが生産されることは、自明であろう。▼8 要するに、〈労働力の流れと生産手段〉という接続的総合は、商品の流れと新たな生産手段とを生産する。そのときの生産は、本書第一章で論じた欲望的生産に対して「社会的生産」と呼ぶことができる。

その社会的生産をとおして、労働力の流れは〈労働によって〉使い果たされ、生産手段は〈生産用具は使用不可能になり、原料は生産物になるなどして〉生産された商品の流れと生産された新たな生産手段と土地になるから、〈労働力の流れと生産手段〉という接続的総合は、〈商品の流れと〈新たな生産手段と土地からなる〉生産手段〉という接続的総合〈すなわち〈商品の流れと〈土地を含む〉生産手段〉という接続的総合〉へと姿を変えるわけだ。それゆえに、〈賃金の流れと労働者〉という接続的総合と〈労働力の流れと生産手段〉という接続的総合の離接的総合は、〈賃金の流れと労働者〉という接続的総合と〈商品の流れと〈土地を含む〉生産手段〉という接続的総合の離接的総合〈＝〈［賃金の流れと労働者］か、［商品の流れと生産手段］か〉〉へと変容する。

この〈賃金の流れと労働者〉という接続的総合と〈商品の流れと生産手段〉という接続的総合の離接的総合では、いましがた労働力の流れを商品の流れとして売り、その対価としての賃金の流れをもっている現役の労働者の一方で、かつて労働力の流れを商品の流れとして売った対価として得た賃金の流れをもっている失業状態の労働者がいると想定することができる。だから、ここでの離接的総合は、〈〈現役の労働者がもつ賃金の流れと失業状態の労働者がもつ賃金の流れとしての〉賃金の流れと〈現役の労働者と失業状態の労働者としての〉労働者〉という接続的総合と〈商品の流れと生産手段〉という接続的総合の離接的総合ということになる。

そのさい、〈商品の流れと生産手段〉という接続的総合が、商品の流れを現役の労働者と失業状態の労働者のそれぞれに売り、現役の労働者と失業状態の労働者はおのおの、自身の賃金の流れで商品の流れを買うのは、もちろんのことである。要は、〈商品の流れと生産手段〉という接続的総合が商品の流れを、

〈賃金の流れと労働者〉という接続的総合に売り、〈賃金の流れと労働者〉という接続的総合が賃金の流れによって、〈商品の流れと生産手段〉という接続的総合から商品の流れを買うのであり、賃金の流れと商品の流れとが交換されるのだ。[▼9]

そうすると、現役の労働者であれ失業状態の労働者であれ労働者（＝労働力の流れをもたない労働者＝労働力の流れを消費した労働者＝疲労した労働者）は、自身が買い入れた商品の流れを消費することで、労働力の流れを生産する（＝疲労から回復する）と考えられる。これによって、〈賃金の流れと労働者〉という接続的総合と〈商品の流れと生産手段〉という接続的総合の離接的総合は、（〈商品の流れと労働者〉という接続的総合と〈貨幣の流れと生産手段〉という接続的総合の離接的総合をへて）〈（商品の流れの消費によって生産された、現役の労働者の労働力の流れと失業状態の労働者の労働力の流れとの総和としての）労働力の流れと（現役の労働者と失業状態の労働者とを包括する）労働者〉という接続的総合と〈貨幣の流れと生産手段〉という接続的総合の離接的総合（＝〈［労働力の流れと労働者］か、［貨幣の流れと生産手段］か〉）へと転化するにいたる。

以上の議論をクリアに把握するために、簡潔に整理してみよう。公理系（＝脱コード化し脱領土化した労働者の流れと脱コード化し脱領土化した貨幣の流れとの連接）→〈賃金の流れと労働者〉という接続的総合と〈労働力の流れと生産手段〉という接続的総合の離接的総合→〈賃金の流れと労働者〉という接続的総合と〈商品の流れと生産手段〉という接続的総合の離接的総合→〈労働力の流れと労働者〉という接続的総合と〈貨幣の流れと生産手段〉という接続的総合の離接的総合という一連の運動がおこなわれる。そしてその結果、〈貨幣の流れと生産手段〉という接続的総合が、生産されることになる。つまるところ、脱コード化し脱領土化した貨幣の流れとしての古い公理は、〈貨幣の流れと生産手段〉という接続的総合としての新しい公理に取って代わられるのであり、そのような意味で古い公理に対して、新しい公理が付加されるのである。

そのとき、この運動の結果として生産された貨幣の流れの価値と生産手段の価値との総体は、最初の公理系における脱コード化し脱領土化した貨幣の流れの価値（＝脱コード化し脱領土化した生産手段の流れをもった脱コード化し脱領土化した貨幣の流れにおける、脱コード化し脱領土化した貨幣の流れの価値と、その貨幣の流れがもつ脱コード化し脱領土化した生産手段の流れの価値との総体）よりも量的に大きくなっていることは、これまでの論述からはっきりと確認することができるだろう。このことが意味するのは、この運動をとおして、生産された貨幣の流れの価値と生産手段の価値との総体と、最初の公理系における脱コード化し脱領土化した貨幣の流れの価値との差としての「剰余価値（plus-value）」が、産出されるという点である。

この剰余価値が産出されるのは、労働者が賃金の流れと引き換えに売り渡した労働力の流れが、賃金の流れの価値（＝労働力の流れの価値）を超えて労働することで商品の流れと生産手段を生産し、その商品の流れが賃金の流れと交換されることによってである。労働力の流れの価値よりも、労働力の流れの消費である労働が生み出す価値のほうが大きいからこそ、剰余価値が産出されるわけだ。その意味で、労働力の流れという商品の流れは、それを消費することで、その価値を超え出た大きな価値という新たな価値を生み出す特殊な商品の流れなのである。このときの剰余価値は、いま見たように、労働者という人間の労働力の流れによる労働によって産出されることから、「人間による剰余価値（plus-value humaine）」と名づけることができる。

こうした点により、資本は、賃金の流れの価値を上回っておこなわれる超過の労働である剰余労働を収奪する厚かましく恥知らずな手段という意味で「シニシズム（cynisme）」（＝厚顔無恥）として捉えられる。また、資本は前述したように、資本の上に登録されているものに対する、神のごとき準原因という意味において「敬虔さ（piété）」とみなされる。これらのことからただちにいえるのは、もはや大地のもとでの残酷や専制君主のもとでの恐怖ではなく、敬虔さをともなったシニシズムが、新たに立ち現れるということである。

さらにいうまでもなく、人間による剰余価値を生み出す運動の終点に当たる〈労働力の流れと労働者〉という接続的総合と〈貨幣の流れと生産手段〉という接続的総合の離接的総合では、〈労働力の流れと労働者〉という接続的総合が労働力の流れを売り、この流れを〈貨幣の流れと生産手段〉の接続的総合が貨幣の流れで買う。それゆえに、〈労働力の流れと労働者〉という接続的総合と〈貨幣の流れと生産手段〉という接続的総合の離接的総合は、〈賃金の流れと労働者〉という接続的総合と〈労働力の流れと生産手段〉という接続的総合の離接的総合へと転化する。要は、〈労働力の流れと労働者〉という接続的総合と〈貨幣の流れと生産手段〉という接続的総合の離接的総合が今度は、人間による剰余価値を生み出す運動の始点となることで、この運動は繰り返され、貨幣の流れの価値と生産手段の価値との総体は拡大再生産され、人間による剰余価値がふたたび生産される。

人間による剰余価値は繰り返し生み出される

先に、〈賃金の流れと労働者〉という接続的総合が、〈商品の流れと生産手段〉という接続的総合から商品の流れを買う事態、いい換えれば労働者（＝現役の労働者と失業状態の労働者）が全体として、賃金の流れによって商品の流れを購買する事態を見た。このことは、以下のように理解することも可能である。自分の労働力の流れの対価として賃金の流れを受けとった一人ひとりの（現役のあるいは失業状態の）賃金労働者が、その賃金の流れによって、それと同じ価値の商品の流れを購買し、賃金の流れと商品の流れとが交換されることで、多数の賃金の流れが一つに合流し、貨幣の流れ（＝〈商品の流れと労働者〉という接続的総合と〈貨幣の流れと生産手段〉という接続的総合の離接的総合における貨幣の流れ）になるというようにである。

このことは別のいい方をすれば、大きな貨幣の流れをもとにして、多数の賃金労働者のあいだに分配された多数の小さな賃金の流れが、購買をとおして還流し、一つの大きな貨幣の流れを形成するのである。そのときの賃金の流れは、ある商品を売って得た貨幣によって他の商品を買うという運動における貨幣として捉え直すことができ、その貨幣は、商品と商品との交換を仲介する機能を担っている。こうした商品－貨幣－商品（＝ある商品を売って得た貨幣によって他の商品を買うという運動）における貨幣は、流通（＝商品流通）手段としての貨幣として位置づけられる。

また周知のように、労働力の消費である労働は、具体的有用労働（＝特定の目的・作業様式・対象・手段・結果によって規定された質的な生産活動）と抽象的人間労働（＝労働の支出の具体的形態（つまり質的な生産活動）とは関わりのない人間の頭脳・筋肉・神経などの生理的エネルギーの量的な支出）とによって構成されており、具体的有用労働という形式によって限定され枠づけられた抽象的人間労働という内容として理解することができる。こうした労働の二重性において、具体的有用労働が、使用価値（＝人間の欲望を満足させる有用物＝人間の欲望を満足させるために人間によって消費される対象）である商品（いい換えれば、商品となる使用価値）を生み出し、抽象的人間労働が、商品がもつ価値（＝商品が他の商品と交換されるとき、商品が、他の商品がもつものと同じものをもつからこそ交換されると考えられ、そうした商品がもつ、交換を可能にするもの）を生み出す。

このように、商品の価値は、抽象的人間労働によって形成され、抽象的人間労働の結晶であるので、商品の価値の実体をなすのは、抽象的人間労働ということになる。そのため、商品の価値の量は、抽象的人間労働の分量によって決定される。

そのさい、商品（＝ある商品）と、貨幣（＝ある量の貨幣）という商品とのあいだに、商品＝貨幣が成り立つ▼10ことから、貨幣は、商品の価値を映し出し見えるようにする鏡として機能すると考えられる。つまり、商品の価値は、貨幣（＝使用価値）という形態をとって現象するわけだ。したがって、貨幣は、商品の価値が表現されたものであり、このことはどんな商品についても妥当するのは、いうまでもない。[11]

そのことから、貨幣（＝ある量の貨幣）は、すべての商品に共通し、どの商品とも等しい一般的等価物であり、それは、（抽象とは、多数の事物のあいだに共通する一般性のことであると定義づけるならば）「抽象量（quantité abstraite）」であるといえる。それゆえに、すべての商品の価値はどれも、貨幣として表現されるのであり、貨幣は、どの商品であれその価値が表現されたものなのである。こうした抽象量である貨幣は、先述した商品－貨幣－商品という運動における貨幣として、すなわちお互いに独立した二つの商品のあいだの単純な量として現れる。

その一方で、すでに言及したとおり、貨幣（＝脱コード化し脱領土化した生産手段の流れをもった脱コード化し脱領土化した貨幣の流れにおける単なる脱コード化し脱領土化した貨幣の流れ）は、労働力（＝脱コード化し脱領土化した労働力の流れをもった脱コード化し脱領土化した労働者の流れにおける脱コード化し脱領土化した労働力の流れ）と遭遇することで、労働力と貨幣との連接（＝遭遇）を形成する。ドゥルーズ＝ガタリはこの形成プロセスを、右に見た貨幣が抽象量であるとする視点から次のように捉え返す。

労働力と貨幣との連接は、労働力という形式と抽象量（＝貨幣）との合成体（＝労働力という形式によって限定され枠づけられた抽象量）として、換言すれば抽象量が労働力という形式を身にまとい、その形式によって限定され枠づけられることによって立ち現れた具体的なものとしてみなすことができる。だから、貨幣が労働力と貨幣との連接を形成することは、抽象量が具体的（なもの）になることと捉え返される。そして、ドゥルーズ＝ガタリは、労働力という形式と抽象量との合成体としての具体的なもののことを、労働力をDyと抽象量をDxとそれぞれ表すことで、$\frac{Dy}{Dx}$という微分的関係と表現する。[12]

さらに前に考察したように、こうした$\frac{Dy}{Dx}$という微分的関係（＝労働力と貨幣との連接）つまり公理系（＝

脱コード化し脱領土化した労働者の流れと脱コード化し脱領土化した貨幣の流れとの連接〉は、労働力の流れの購買による貨幣の流れの流通、労働力の流れの労働による商品の流れと新たな生産手段との生産[13]、商品の流れの販売による商品の流れの流通[14]、商品の流れの消費による労働力の流れの生産[15]をへて、〈労働力の流れと労働者〉という接続的総合と〈貨幣の流れと生産手段〉という接続的総合の離接的総合へと変容していく[16]。そして、その変容の結果として、貨幣の流れの価値と生産手段の価値との総体は、公理系における脱コード化し脱領土化した貨幣の流れの価値に比べて拡大生産される。そうしたことから明らかになることは、次の点である。

公理系のもとでの貨幣（＝脱コード化し脱領土化した労働力の流れをもった脱コード化し脱領土化した労働者の流れと、脱コード化し脱領土化した生産手段の流れをもった脱コード化し脱領土化した貨幣の流れとの連接としての公理系のもとでの単なる脱コード化し脱領土化した貨幣の流れ）は、労働力（＝〈賃金の流れと労働者〉という接続的総合と〈労働力の流れと生産手段〉という接続的総合の離接的総合における労働力の流れ）、および商品（＝〈賃金の流れと労働者〉という接続的総合と〈商品の流れと生産手段〉という接続的総合の離接的総合における商品の流れ）を経由して、より大きな貨幣（＝〈労働力の流れと労働者〉という接続的総合と〈貨幣の流れと生産手段〉という接続的総合の離接的総合における貨幣の流れ）に転化するということだ。こうした転化の運動は、貨幣－（労働力としての）生産要素－商品－増殖した貨幣として定式化することができる。

この定式は、以下のようなプロセスとして読み解くことが可能であろう。貨幣（＝使用価値）がもつ価値すなわち貨幣という姿を身にまとった価値が、貨幣を脱ぎ捨て生産要素という姿を身にまとい、さらに生産要素を脱ぎ捨て商品という姿を身にまとい、そして商品を脱ぎ捨て貨幣という姿をふたたび身にまとうことをとおして、自己増殖するというプロセスである。

貨幣、生産要素、商品、貨幣というように姿態（＝使用価値）を変えながら自己増殖するこうした価値の運動体は、一般に「資本」（＝「産業資本」）と呼ばれる。[17] そして、この貨幣－生産要素－商品－増殖した貨幣という運動に組みこまれている貨幣（＝貨幣と増殖した貨幣のそれぞれ）は、先述した流通手段としての貨幣とは異なり、資本という価値をもった貨幣という意味で資本としての貨幣なのである。

このとき、貨幣－生産要素－商品－増殖した貨幣という運動にそって、貨幣がもつ資本（＝ x ）は自己増殖し、増殖した貨幣がもつ資本（＝ $x+dx$ ）となる。このような自己増殖した資本は、 $x+dx$ と書き表すことができ、出自的形式をもっているから、ドゥルーズ＝ガタリはそれを「出自資本（capital filiatif）」と呼び、神との直接的な出自（＝専制君主と母との近親相姦）としての「新しい出自（nouvelle filiation）」に対して、「新たな－新しい出自（nouvelle-nouvelle filiation）」とする。

こうした出自資本を生み出す基本的な運動のもとで、その特殊な機能を分業として果たすものが現れてくると考えられる。商業資本[18]と利子生み資本[19]とがそれである。この商業資本と利子生み資本のそれぞれは、社会的生産との縁組のもとにあり、この縁組は新しい縁組（＝専制君主と姉妹との近親相姦）に対して、「新たな－新しい縁組（nouvelle-nouvelle alliance）」として位置づけることが可能である。したがって、資本（＝産業資本）が出自資本である一方で、商業資本と利子生み資本はおのおの、縁組資本とすることができる。[20]

以上の一連の論述から導出できることは、流通手段としての貨幣と資本としての貨幣とは、相互に異質であり、共通の尺度で比較することができないのであって、その意味で通約不可能であるということである。これが意味するのは、資本としての貨幣に関わる貨幣－生産要素－商品－増殖した貨幣という運動は、どこまでも続くという点である。とはいえ、これはどういうことなのか。

流通手段としての貨幣がその役割を演ずる商品－貨幣－商品という運動では、使用価値である商品が、貨幣を介して、その使用価値とは異なる使用価値である商品と交換されることによって完結する。ところが、流通手段としての貨幣とは異質な資本としての貨幣を内蔵した貨幣－生産要素－商品－増殖した貨幣という運動においては、始点も終点もともに貨幣であり、終点は始点よりも量的に増加したとはいっても制限されているから、終点を始点としてより増殖した貨幣を生み出す運動がふたたび開始される。それゆえに、貨幣－生産要素－商品－増殖した貨幣という運動が無際限に反復され、増殖分の貨幣が繰り返し産出され、貨幣はたえず拡大再生産されるのである。

人間による剰余価値と対をなす機械による剰余価値

人間による剰余価値を生み出す運動の終点であり始点ともなる〈労働力の流れと労働者〉という接続的総合と〈貨幣の流れと生産手段〉という接続的総合の離接的総合は、労働者という人間に由来する労働力の流れによる労働によって、人間による剰余価値を生産する。しかし、労働者という人間が労働するばかりではなく、機械もまた労働すると考えられる。このことは、人間によらずに機械が自動的に作業をおこなうオートメーションを思い浮かべれば、十分に合点がいくことだろう。要は、オートマティックな機械に由来する労働力の流れが、労働するのである。ドゥルーズ＝ガタリがこうしたオートマティックな機械に与える名称は、「技術機械（machine technique）」である。

技術機械は労働者と同じ役割を担い、労働力の流れをもっているとみなすことができる。したがって、〈労働力の流れと労働者〉という接続的総合と〈貨幣の流れと生産手段〉という接続的総合の離接的総合（＝〔〈労働力の流れと技術機械〕か、〔貨幣の流れと生産手段〕か〕）が、存在するものと考えることができる。そして、人間による剰余価値を生み出す運動と同様に、次の一連の運動が展開される▼22。

〈労働力の流れと技術機械〉という接続的総合と〈貨幣の流れと生産手段〉という接続的総合の離接的総

技術機械は労働者と同じ役割を担い、労働力の流れをもっているとみなすことができる。したがって、〈労働力の流れと技術機械〉という接続的総合と〈貨幣の流れと（土地を含む）生産手段〉という接続的総合の離接的総合▼21。

合→〈生産費の流れと技術機械〉という接続的総合と〈労働力の流れと生産手段〉という接続的総合の離接的総合（＝〈［生産費の流れと技術機械］か、［労働力の流れと生産手段］か〉）→〈（稼働状態の技術機械に関わる生産費と遊休状態の技術機械に関わる生産費としての）生産費の流れと（稼働状態の技術機械と遊休状態の技術機械としての）技術機械〉という接続的総合と〈商品の流れと（土地を含む）生産手段〉という接続的総合の離接的総合（＝〈［生産費の流れと技術機械］か、［商品の流れと生産手段］か〉）→〈（修繕によって回復した、稼働状態の技術機械の労働力の流れと遊休状態の技術機械の労働力の流れとの総和としての）労働力の流れと（稼働状態の技術機械と遊休状態の技術機械とを包括する）技術機械〉という接続的総合と〈（商品の流れと交換された、稼働状態の技術機械に関わる生産費と遊休状態の技術機械に関わる生産費との総額としての）貨幣の流れと生産手段〉という接続的総合の離接的総合という運動である。この運動は、以下のように解釈することができる。

労働力の流れという商品の流れを、〈労働力の流れと技術機械〉という接続的総合が売り〈貨幣の流れと（土地を含む）生産手段〉という接続的総合が買うこと、つまり貨幣の流れが生産費（＝減価償却費）として投下されること、〈労働力の流れと生産手段〉という接続的総合が商品の流れと新たな生産手段を生産（＝社会的生産）することで、〈商品の流れと（新たな生産手段と土地からなる）生産手段〉という接続的総合（すなわち〈商品の流れと（土地を含む）生産手段〉という接続的総合）へと変容すること、稼働状態の技術機械に関わる生産費および遊休状態の技術機械に関わる生産費と、商品の流れとが交換されること、稼働状態であれ遊休状態であれ技術機械（＝労働力の流れをもたない技術機械＝労働力の流れを消費した技術機械＝摩滅した技術機械）が商品の流れを消費することで、労働力の流れを生産する（＝摩滅から回復する）こと、つまり技術機械が修繕されることが、順次おこなわれる。

これによって、〈（修繕によって回復した、稼働状態の技術機械の労働力の流れと遊休状態の技術機械の労働力の流れとの総和としての）労働力の流れと（稼働状態の技術機械と遊休状態の技術機械とを包括する）技術機械〉

という接続的総合と〈（商品の流れと交換された、稼働状態の技術機械に関わる生産費と遊休状態の技術機械に関わる生産費との額としての）貨幣の流れと生産手段〉という接続的総合の離接的総合が、立ち現れてくる。こうして、貨幣の流れの価値と生産手段の価値との総体は、拡大再生産され、剰余価値（＝生産された貨幣の流れの価値と生産手段の価値との差）が、産出されるのだ。

この剰余価値が生み出されるのは、技術機械に由来する労働力の流れが、生産費の流れの価値（＝労働力の流れの価値）を上回って労働することで商品の流れと生産手段を生産し、その商品の流れが生産費の流れと交換されることによってであり、つまるところ技術機械の労働力の流れによる労働によってである。最初の貨幣の流れの価値と生産手段の価値との総体に、最初の貨幣の流れの価値と生産手段の価値との総体に、「機械による剰余価値（plus-value machinique）」という名がふさわしい。

さらに、機械による剰余価値を生み出す運動の終点である〈労働力の流れと技術機械〉という接続的総合と〈貨幣の流れと生産手段〉という接続的総合の離接的総合が今度は、機械による剰余価値を生み出す運動の始点となり、この運動が再度開始されることは、無論のことである。こうして、人間による剰余価値を生み出す運動とパラレルに、機械による剰余価値を生み出す運動は何度も反復され、貨幣の流れの価値と生産手段の価値との総体は繰り返し拡大再生産され、機械による剰余価値が幾度となく産出される。▼23

だが、右に述べたように、そもそも〈労働力の流れと技術機械〉という接続的総合と〈貨幣の流れと生産手段〉という接続的総合の離接的総合が存在するとして、それは理論上、どのようなプロセスをへて成立するのだろうか。脱コード化し脱領土化した労働者の流れと脱コード化し脱領土化した貨幣の流れとの連接としての公理系において、脱コード化し脱領土化した労働力の流れ（＝脱コード化し脱領土化した労働者の流れにおける脱コード化し脱領土化した労働力の流れ）は肉体の流れをもった脱コード化し脱領土化した労働者の流れにおける脱コード化し脱領土化した労働力の流れ体労働をするときに用いる能力であることは、これまでの議論から一目瞭然であろう。そうだとすれば、こうした脱コード化し脱領土化した肉体労働のための労働力の流れとは明瞭に区別された労働力の流れ、すなわち頭脳労働をするときに使用する能力としての脱コード化し脱領土化した労働力の流れの存在を想定することが可能である。

そのため、以下のように考えることができる。脱コード化し脱領土化した労働者の流れ（=脱コード化し脱領土化した肉体労働のための労働力の流れをもった脱コード化し脱領土化した労働者の流れ）と脱コード化し脱領土化した貨幣の流れとの連接としての公理系が形成されると同時に、それと対比的なものとして、脱コード化し脱領土化した頭脳労働のための労働力の流れと脱コード化し脱領土化した貨幣の流れ（=〈脱コード化し脱領土化した土地の流れを含む〉脱コード化し脱領土化した生産手段の流れをもった脱コード化し脱領土化した貨幣の流れ）との連接としての公理系が、成立するというようにである。

そして、脱コード化し脱領土化した頭脳労働のための労働力の流れと脱コード化し脱領土化した貨幣の流れとの連接としての公理系にもとづいて、売買行為が立ち上がる。つまり、脱コード化し脱領土化した頭脳労働のための労働力の流れが、みずからを商品として、脱コード化し脱領土化した貨幣の流れに売り、脱コード化し脱領土化した貨幣の流れが、脱コード化し脱領土化した頭脳労働のための労働力の流れという商品を買うのである。

このような売買行為で、〈賃金の流れ〉と〈頭脳労働のための労働力の流れと（土地を含む）生産手段〉という接続的総合の離接的総合（=〈［賃金の流れ］か、［頭脳労働のための労働力の流れと生産手段］か〉）が、形作られる。[24] さらに、〈頭脳労働のための労働力の流れと生産手段〉という接続的総合において、頭脳労働のための労働力の流れが、生産手段を使用して頭脳労働をおこなう。

ドゥルーズ=ガタリによると、この頭脳労働によって、新たな生産手段とともに生産されるのは、多数の「科学的技術的コードの流れ（flux de code scientifique et technique）」（＝多数の知識・情報・技術の流れ）を全体化し統一した全体・統一性としての「科学的公理系（axiomatique scientifique）」であるという。[25] この科学的公理系は、テクノロジーと科学の基礎原理をなすものであり、「知識資本（capital de connaissance）」（＝科学的公理系としての知識という姿を身にまとった資本）の流れとして捉えることができる。

こうして、〈賃金の流れ〉と〈頭脳労働のための労働力の流れと生産手段〉という接続的総合の離接的総合は、〈賃金の流れ〉と〈知識資本の流れと（新たな生産手段と土地からなる）生産手段〉という接続的総合（すなわち〈知識資本の流れと（土地を含む）生産手段〉という接続的総合）の離接的総合（＝〈[賃金の流れ]か、[知識資本の流れと生産手段]か〉）へと変容し、さらに賃金の流れと知識資本の流れとが交換される。この交換された知識資本の流れにもとづいて作られるのがほかでもない、（労働力の流れをもった）技術機械なのである。[26]

それゆえに、〈賃金の流れ〉と〈知識資本の流れと（土地を含む）生産手段〉という接続的総合の離接的総合から、〈労働力の流れと技術機械〉という接続的総合と〈貨幣の流れと生産手段〉という接続的総合の離接的総合が、構成されるにいたる。以上のように展開される一続きの運動は、頭脳労働によるテクノロジーと科学の基礎原理の発見から、（その基礎原理の活用への対価を支払った上で）その基礎原理を活用することによる技術機械の発明へと向かう過程として理解することができる。こうした過程が、〈労働力の流れと技術機械〉という接続的総合と〈貨幣の流れと生産手段〉という接続的総合の離接的総合の存在の理論的前提となっているのである。

右のような理論的前提をもつ〈労働力の流れと技術機械〉という接続的総合と〈貨幣の流れと生産手段〉という接続的総合の離接的総合が、機械による剰余価値を生み出す運動の出発点となり、その運動は繰り返し何度も反復されることに関してはすでに叙述した。ところが、技術機械はやがて、生産力が向上した最新の技術機械に取って代わられることになると考えられる。

そのため、次のような運動によって最新の技術機械が生産される。それは、〈頭脳労働のための労働力の流れ〉と〈貨幣の流れと（土地を含む）生産手段〉という接続的総合の離接的総合（＝〈［頭脳労働のための労働力の流れ］か、［貨幣の流れと生産手段］か〉）→〈賃金の流れ〉と〈頭脳労働のための労働力の流れと生産手段〉という接続的総合の離接的総合→〈賃金の流れ〉と〈知識資本の流れと（土地を含む）生産手段〉という接続的総合の離接的総合→〈労働力の流れと（最新の）技術機械〉という接続的総合と〈貨幣の流れと生産手段〉という接続的総合の離接的総合という運動だ。そして、この運動は、頭脳労働によるテクノロジーと科学の基礎原理の発見から、（その基礎原理の活用への対価を支払った上で）その基礎原理を活用することによる（最新の）技術機械の発明へと向かう過程として把握することができるのは、先の議論から明白であろう。

このようにして生産された（最新の）技術機械によって置き換えられるのは、（旧式の）技術機械である。要するに、機械による剰余価値を生み出す運動の終点であり始点となる〈労働力の流れと技術機械〉という接続的総合と〈貨幣の流れと生産手段〉という接続的総合の離接的総合における〈労働力の流れと技術機械〉という接続的総合にかわって、生産された〈労働力の流れと（最新の）技術機械〉という接続的総合が、採用されるわけである。技術革新はこのようにおこなわれるものと考えられる。

人間による剰余価値と機械による剰余価値を吸収する資本主義国家

以上の論述が教えてくれることは、〈労働力の流れと労働者〉という接続的総合と〈貨幣の流れと生産手段〉という接続的総合の離接的総合と、〈労働力の流れと技術機械〉という接続的総合と〈貨幣の流れと生産手段〉という接続的総合の離接的総合とが、たしかに存在するということである。このとき、ドゥルーズ゠ガタリの考えにしたがえば、二つの離接的総合は、専制君主を転覆させた複数の脱コード化した流れと同じ仕方で国家を打ち立てることになる。つまり、まず、二つの離接的総合は、潜在状態の脱コード化の専制君主をモデルと見立て、原国家（＝モデルとしての潜在状態の専制君主）にもとづいて国家を作る。次に、二つの離接的総合はその国家（＝〈これであれ、あれであれ〉という離接の形式）に、国家の上に二つの離接的総合を登録することを命じ、そのように命じた二つの離接的総合にその国家が従属し、みずからの上にその二つの離接的総合を登録するのだ。

二つの離接的総合が潜在状態の専制君主をモデルと見立て、原国家にもとづいて国家を作ることは、二つの離接的総合が潜在状態の専制君主を精神化（＝モデル化）し、原国家（＝精神化された潜在状態の専制君主）にもとづいて国家を作る。原国家（＝精神化された潜在状態の専制君主）にもとづいて国家を作ることであり、それは、二つの離接的総合が原国家を具体化することとして理解されることについては先に触れた。この具体的になった原国家（＝原国家にもとづいて作られた国家＝〈これであれ、あれであれ〉という離接の形式）の上に二つの離接的総合を登録することは、前述のとおり二つの離接的総合を規制することを意味するのであり、二つの離接的総合（＝複数の脱コード化し脱領土化した流れ）を「再領土化する（re-territorialiser）」ことといい表すことができる。どうして再領土化なのかという具体的になった原国家の上に引き戻すことだからである。

したがって、二つの離接的総合が登録される先の具体的になった原国家は、最初の社会機械である大地に対して、「新しい領土性（néo-territorialité）」ないしは「現代的領土性（territorialité moderne）」（ないしは「古代的なあるいは人工的な新しい領土性（néo-territorialité archaïque ou artificielle）」）と位置づけることができる。また、二つの離接的総合が具体的になった原国家に、二つの離接的総合を再領土化することを命じ、そのように命じた二つの離接的総合に、具体的になった原国家が従属し、その二つの離接的総合を再領土

と、このような登録は、脱コード化した上にさらに脱領土化することで形成された二つの離接的総合を、具体的になった原国家の上に引き戻すことだからである。

化することは、二つの離接的総合が（具体的になった）原国家を内在化することとして把握されることも、すでに言及したことと変わらない。

それゆえ結局は、二つの離接的総合は（具体的になった原国家によって）みずからを規制し馴致するために、原国家を具体化し、（具体的になった）原国家を内在化するということになる。そして、そのような二つの離接的総合による原国家の具体化と内在化によって立ち現れるのは、次のようなものである。内在化された（具体的になった）原国家（＝〈これであれ、あれであれ〉という離接の形式）の上に二つの離接的総合が登録されたものであり、いい換えれば〈［労働力の流れと労働者］という接続的総合と［貨幣の流れと生産手段］という接続的総合の離接的総合であれ、［労働力の流れと技術機械］という接続的総合と［貨幣の流れと生産手段］という接続的総合の離接的総合であれ〉という二つの離接的総合の離接的総合である。

しかしながら、それは、二つの離接的総合がそれぞれ、他方を排除（＝否定）し制限することから、〈［労働力の流れと労働者］という接続的総合と［貨幣の流れと生産手段］という接続的総合の離接的総合か、［労働力の流れと技術機械］という接続的総合と［貨幣の流れと生産手段］という接続的総合の離接的総合か〉という二つの離接的総合の離接的総合へと変容しなければならない。要するに、新しい領土性としての内在化された（具体的になった）原国家は、既述した大地と同じように、〈これであれ、あれであれ〉という離接の形式から〈これか、あれか〉という離接の形式へとその姿態を変えるわけだ。この〈これか、あれか〉という離接の形式である内在化された（具体的になった）原国家を、換言すれば二つの資本（＝社会機械）を再領土化し規制している国家を、ドゥルーズ＝ガタリは「資本主義国家（Etat capitaliste）」と呼ぶ。

そうすると、ここに存在するのは、精神化された潜在状態の専制君主である原国家と、内在化された（具体的になった）原国家である資本主義国家とである。[27] このとき、資本主義国家は、専制君主に見られたコード（＝土地の上に登録され縛りつけられた延長された出自）とその超コード化の普遍的破綻の上に、それまでにはない（社会的）公理系のもとに成立している。だから、資本主義国家（＝〈これか、あれか〉という離接の形式）は原国家（＝〈これであれ、あれであれ〉という離接の形式の実体化）と真に断絶し、両者のあいだには切断線が走っている。そうしたことは、複数の脱コード化した流れ（＝複数の〈二つの延長された出自の離接的総合と縁組としての延長システム〉）を再コード化している進化した国家（＝〈これであれ、あれであれ〉という離接の形式）が、原国家と地続きであるのとは対照的である。

そして、資本主義国家はこのように原国家と断絶しているので、（モデルという意味で）抽象であり〈超コード化し所有・支配するものだから〉超越である原国家に対して、完全に具体的であり内在的であるといえる。そのため、資本主義国家の生成において、原国家が具体的になることは、十全に成就されるとともに、〈具体的になった〉原国家が内在的になることは、最高度に実現されるのである。このような資本主義国家は、「政治的軍事的経済的複合体（complexe politico-militaire-économique）」として現象化し実体化するものと考えられる。

こうして、二つの離接的総合の離接的総合（＝〈［労働力の流れと労働者］という接続的総合と［貨幣の流れと生産手段］という接続的総合の離接的総合か、［労働力の流れと技術機械］という接続的総合と［貨幣の流れと生産手段］という接続的総合の離接的総合か〉）が、成立する。ここでは、〈労働力の流れと労働者〉という接続的総合と〈貨幣の流れと生産手段〉という接続的総合の離接的総合と、〈労働力の流れと技術機械〉という接続的総合と〈貨幣の流れと生産手段〉という接続的総合の離接的総合とがともに、資本主義国家によって再領土化され規制されている。

この再領土化と規制のもとで、〈労働力の流れと労働者〉という接続的総合と〈貨幣の流れと生産手段〉という接続的総合の離接的総合は、〈より大きい貨幣の流れとその価値がより大きい生産手段〉という接続的総合を生産（＝再生産）し、人間による剰余価値を生み出す。また、〈労働力の流れと技術機械〉という接続的総合と〈貨幣の流れと生産手段〉という接続的総合の離接的総合は、〈より大きい貨幣の流れとその価値がより大きい生産手段〉という接続的総合を生産（＝再生産）し、機械による剰余価値を生み出すことは、いままでの論述から自明である。このような剰余価値を生み出す「生産のための生産（produire pour produire）」に対して、資本主義国家は剰余価値を生産しないという理由で、反生産として特徴づけることができる。

そのさいドゥルーズ＝ガタリによれば、産出された人間による剰余価値と機械による剰余価値とは、大地におけるコードの剰余価値から峻別され、「流れの剰余価値（plus-value de flux）」を形作る。そして、反生産としての資本主義国家は、この流れの剰余価値の最大の部分を吸収するものとされる。[28] なぜならば、先に詳しく論じた複数の延長システムの離接的総合（＝専制君主が複数の延長システムを超コード化している体制）のケースと同じ論理によって、債権者と（無限の負債である存在の負債を負った）債務者との関係が、資本主義国家と二つの離接的総合との関係のなかにも見出すことができるので、債権者である資本主義国家が債務者である二つの離接的総合から、貸した存在を流れの剰余価値の最大部分として回収し続けるからである。

資本という社会機械の捉え直しとしての資本主義の表象

言語という視座から、延長システム（＝原始社会）は声－聴取と手－表記と眼－苦痛からなる大地の表象として、複数の延長システムの離接的総合（＝専制君主が所有・支配している社会）はシニフィアンとシニフィエからなる帝国の表象としてそれぞれ把握し直されることに関しては、すでに克明に論じたとおりである。いうまでもなく、これらとパラレルに、資本に関してもあらためて捉え直される必要がある。この捉え直しをドゥルーズ＝ガタリがどのようにおこなうのかを、帝国の表象と比較しながら以下に述べていくことにしたい。

前に叙述したように、帝国の表象の特徴をなすのは、シニフィアン（＝エクリチュール）と、そのシニフィアンの概念（＝意味）である二つのシニフィエ（＝二つの声）とのあいだの従属関係である。要は、二つのシニフィエはシニフィアンに同調し従属しているのだ。こうした従属関係のもとで、シニフィアンはエクリチュールなのだから、変化することなく自己同一性をもっていることは明らかである。また、シニフィアンが、いわば箱にたとえられる「形式（forme）」として捉えられるのに対して、二つのシニフィエは、シニフィアンをもとにして見出さなければならないその概念であるので、箱のなかの中身にたとえられる「実質（substance）」として理解することが可能である。われわれが直接目にすることができるのは、形式としてのシニフィアンだけであり、シニフィエは実質として、シニフィアンのなかに含まれ隠されているものとなぞらえることができるわけなのである。

ドゥルーズ＝ガタリにしたがうと、こうした従属関係の一方で、資本に関わる捉え直しは、連接関係によって強く特徴づけられるという。これについて、次に順序立てて説明してみよう。

これまでの論述を想起してみれば、資本という社会機械が生み出されるのは、脱コード化し脱領土化した労働者の流れと脱コード化し脱領土化した貨幣の流れとが、偶然に出会い遭遇することによってであった。ドゥルーズ＝ガタリは大地の表象と帝国の表象のケースと同様に、資本について言語という視点から捉え返すために、このように出会い遭遇する事態を次のような言語に関連したものと見立てる。それは、「内容（contenu）」という（シニフィアンへの従属から脱したという意味で）脱コード化し脱領土化した流れと、「表現（expression）」という（シニフィアンへの従属から脱したという意味で）脱コード化し脱領土化した流れとが、偶然に出会い遭遇することである。

この言語的水準への見立てのもとで、内容という脱コード化し脱領土化した流れは、声の流れであるのに対して、表現という脱コード化し脱領土化した流れは、原理的には声の流れであろうと文字の流れであろうと身振りの流れであろうと何でもよく、「電気の流れ（flux électrique）」（＝映像の流れ）が、その典型の一つであるとされる。そして、内容という脱コード化し脱領土化した流れと、表現という脱コード化し領土化した流れとはそれぞれ、直接に知覚することができる形式であると考えられ、こうした二つの流れが偶然に出会い遭遇することにより、内容という脱コード化し脱領土化した流れと表現という脱コード化し脱領土化した流れとの遭遇が、形作られることになる。

このような遭遇を明快に理解するには、テレビジョンから放送された情報（＝声の流れと映像の流れからなる情報）というわかりやすい例を取り上げて考察するのが、もっとも近道であるにちがいない。テレビジョンから放送された情報は、声（すなわち音）の流れ（＝内容という脱コード化し脱領土化した流れ）という形式と、映像の流れ（＝表現という脱コード化し脱領土化した流れ）という形式との遭遇であるとみなすことができる。それを、ドゥルーズ＝ガタリは「非シニフィアン的な記号（signe non signifiant）」、（二つの流れの遭遇（点）という意味での）「記号－点（point-signe）」、「流れの切断（coupure de flux）」、「分裂（schize）」と表現している。

このように表現される遭遇は、声の流れという形式と映像の流れという形式との連接でもあり、それらの形式は、そのおのおのが他の存在を前提にする相互的前提の関係にあると考えることができる。つまり、声の流れという形式の存在を前提として、映像の流れという形式が成立するという意味で、声の流れという形式に、映像の流れという形式が連接するのであり、映像の流れという形式の存在を前提として、声の流れという形式が成立するという意味で、映像の流れという形式に、声の流れという形式が連接するのである。このことは、テレビジョンから放送された情報が、声の流れと映像の流れとの不可分な相互依存によって形作られていることを思い描いてみるならば、合点がいくのではないだろうか。

われわれは、テレビジョンから放送された情報からその意味を、一切の解読を介在させることなくダイレクトに受けとめることを踏まえると、声の流れという形式と映像の流れという形式との遭遇は、別のいい方をすれば声の流れという形式と映像の流れという形式との連接は、「形象（figure）」（＝意味）を構成し「イメージ（image）」（＝意味）を形成しており、その意味において実質であるといえる。要するに、声の流れという形式と映像の流れという形式との連接は、単に（二つの形式の総体としての）形式にとどまることなく、それ自体で実質をなしている。それゆえに、形式（＝声の流れという形式と映像の流れという形式との連接）はもはや、中身をもった箱にたとえられる形式などではなく、それ自身が実質である形式であり、箱のなかの中身にたとえられる実質は存在しないのだ。

そして、この形式（＝実質）は、すぐに解体し崩壊してしまい、それにかわって、別の声の流れ（＝別の内容という脱コード化し脱領土化した流れ）という形式と、別の映像の流れ（＝別の表現という脱コード化し脱領土化した流れ）という形式とが偶然に出会い遭遇することで、新しい遭遇すなわち新しい連接すなわち新しい形式（＝別の声の流れという形式と別の映像の流れという形式との総体）が形作られるとともに、新しい形式としての新しい実質が出現する。このことから、声の流れという形式と映像の流れという形式との連接は、自己同一性を保持しておらず、「具象的なもの（figuratif）」（＝自己同一性をもっているもの）ではないということになる。

以上に叙述したテレビジョンから放送された情報をその事例とするのが、内容という脱コード化し脱領土化した流れと表現という脱コード化し脱領土化した流れとのあいだの連接関係なのである。その連接関係は、シニフィアンとシニフィエとのあいだに従属関係を取り結ぶ帝国の表象に対して際立った相違点をもっており、それをドゥルーズ＝ガタリは「資本主義の表象（représentation capitaliste）」と名づける。これが、資本をめぐる捉え直しにほかならない。

4 欲望的生産とそれに取って代わるオイディプス三角形

資本という社会機械の外部をなす欲望的生産

脱コード化し脱領土化した労働者の流れと脱コード化し脱領土化した貨幣の流れとの連接としての公理系は、このような内容と表現からなる資本主義の表象として捉え直される。それにしてもドゥルーズ＝ガタリによれば、公理系が形作られると、その公理系から逸脱し漏出するという意味で脱コード化し脱領土化するものが、存在する。そして、こうして脱コード化し脱領土化したものは、本書第一章において詳細に考察した複数の接続的総合の離接的総合として立ち現れ、この複数の接続的総合の離接的総合として捉えられるものはほかでもない、乳児なのである。

そうすると、前述したとおり、公理系（＝脱コード化し脱領土化するものが除かれた公理系）に準拠して、二つの離接的総合の離接的総合（＝〔労働力の流れと労働者〕という接続的総合と〔貨幣の流れと生産手段〕という接続的総合の離接的総合か、〔労働力の流れと技術機械〕という接続的総合と〔貨幣の流れと生産手段〕という接続的総合の離接的総合か、あるいは〔労働力の流れと労働者〕という接続的総合と複数の接続的総合の離接的総合か）〕が、造形されるため、二つの離接的総合の離接的総合における複数の接続的総合の離接的総合とが、存在することになる。そのさい、二つの離接的総合の離接的総合における複数の接続的総合の離接的総合における複数の接続的総合の「極限（limite）」として位置づけることができる。それというのも、他の社会機械が複数の欲望の流れをコード化したり、複数の再コード化された欲望の流れを超コード化したりするのに対して、資本という社会機械の誕生は、複数の再

会機械は、あらゆる社会機械（＝大地という社会機械と専制君主という社会機械）の

コード化された流れ（＝複数の再コード化された脱コード化した流れ）が脱コード化し脱領土化することをきっかけとしているからである。

ところがそれにもかかわらず、資本という社会機械は、あらゆる社会機械の「相対的な極限（limite relative）」とみなされる。そのわけは、コード化あるいは超コード化するかわりに、二つの脱コード化し脱領土化した流れが公理系化し、コードにかわる公理系が形成されることをへて、資本という社会機械が生まれ、その上さらに再領土化されてしまうからである。

その一方で、複数の接続的総合の離接的総合は、どこまでも徹底的に脱コード化し脱領土化して、コードばかりでなく公理系からも全面的に解放されたものである。だから、複数の接続的総合の離接的総合においておこなわれる欲望的生産は、あらゆる社会機械（＝大地という社会機械と専制君主という社会機械と資本という社会機械）の「絶対的な極限（limite absolue）」であり、資本という社会機械の「外的な極限（limite extérieure）」（＝外部）であるとすることができる。

また、先に触れたように、公理系のもとでの脱コード化し脱領土化した貨幣の流れは、〈労働力の流れと労働者〉という接続的総合と〈貨幣の流れと生産手段〉という接続的総合の離接的総合における〈人間による剰余価値を含む〉〈貨幣の流れと生産手段〉という接続的総合へと転化し、脱コード化し脱領土化した貨幣の流れよりも価値の上で大きい〈貨幣の流れと生産手段〉という接続的総合が、生産される。したがって、欲望的生産に、資本という社会機械の外的な極限としてのポジションが与えられる一方で、〈貨幣の流れと生産手段〉という接続的総合は、脱コード化し脱領土化した貨幣の流れが行き着く「内在的な極限（limite immanente）」（あるいは「内的な極限（limite intérieure）」）として捉えることができる。

さらに、この内在的な極限としての〈貨幣の流れと生産手段〉という接続的総合は、貨幣の流れの価値と生産手段の価値との総体が拡大再生産されつつ再生産されるので、再生産された〈貨幣の流れと生産手段〉という接続的総合は、もとの〈貨幣の流れと生産手段〉という接続的総合が行き着く内在的な極限とみなされる。つまり、もとの〈貨幣の流れと生産手段〉という接続的総合という内在的な極限は、再生産された〈貨幣の流れと生産手段〉という接続的総合という内在的な極限に置き換えられる。この点より、内在的な極限はたえず、貨幣の流れの価値と生産手段の価値との総体がよりいっそう拡大されるようにして再生産されていくのだ。

　このとき、二つの離接的総合の離接的総合と複数の接続的総合の離接的総合とが存在する構図において、資本という社会機械の上でおこなわれる社会的生産は、資本という社会機械の外的な極限として社会的生産を転覆させようとする欲望的生産を抑制し、さらに抑圧することについては、前章で克明に叙述したとおりである。そして、抑圧された、抑制の前の（欲望的生産がおこなわれる）複数の接続的総合の離接的総合は、オイディプス・コンプレックスに置き換えられることから、オイディプス・コンプレックスは、外的な極限（＝欲望的生産、つまり欲望的生産がおこなわれる複数の接続的総合の離接的総合）が「置き換えられた極限（limite déplacée）」であり、そのような意味で外的な極限が「内部化された極限（limite intériorisée）」であるものと理解することができる。

　このことを、これまでに何度も登場した抑圧する表象作用と抑圧される表象者と置換される表象内容という三項体系の見地から把握し直すと、前章で言及したように、オイディプス・コンプレックスは置換される表象内容として捉えられる。そして、抑圧する表象作用（＝オイディプス三角形）が抑圧される表象者（＝抑制の前の欲望的生産、つまり抑制の前の複数の接続的総合の離接的総合）を抑圧することで、抑圧される表象者（＝抑圧された表象者）は抑圧する表象作用（＝抑圧した表象作用）を行使し、置換される表象内容が表象される。こうして表象された置換される表象内容によって、抑圧される表象者は置き換えられ、さらに置換される表象内容（＝置換された表象内容）は、抑圧する表象作用の過去の姿とされる。

この過去のものであるという意味において潜在的なものである置換される表象内容は、やはり前章で述べたとおり、神経症として現実化される可能性がある。ここで実際に現実化されるとき、この現実化は、置換される表象内容が、神経症としての欲望という意味での「欲望の表象者（représentant du désir）」として現実化されることとして捉え返すことができる。

欲望的生産にかわって成立するオイディプス三角形

右に述べた欲望的生産に対する抑制と抑圧を含む三つの総合の不当な使用と五つの精神分析の誤謬推理によって、複数の接続的総合の離接的総合はオイディプス・コンプレックスを基体とする私と社会野（＝諸々の感覚像＝認識内容）との相関に変容することは、前章において検討した。あらためて確認しておけば、こうして樹立されたオイディプス・コンプレックスを基体とする私と社会野との相関において、オイディプス三角形の一項をなす私には社会野が現れており、私は社会野を認識しているのである。

この私が「社会野」と呼ばれる諸々の感覚像を認識しているという認識が成立するプロセスにもとづいて、私が私を意識しているという自己意識の成立を考えることができる。以下において、この自己意識が、どのような手順をへてどのような形で立ち現れるのかを明らかにしてみたいと思う。

前章で説明した認識内容の成立プロセスは、未分化の所与から諸々の感覚像が分節化されるというものであった。それに依拠するならば、こう考えられる。私に「前意識（préconscient）」（＝意識されていない思考内容）が与えられ、私が前意識を思考するとき、与えられた前意識に含まれるものは一体をなしており、前意識は未分化の混沌状態にある。そして、その前意識が、いくつかの部分に分節化され隔離されることで、諸々の心像としての人物（＝諸々の〈心像としての人物〉）と心像としての私（＝私の心像）が構成され、それらは相互に区別されているのである。

とはいえ、それらの心像は、どのようなあり方をしているのだろうか。認識内容のなかに見られる諸々の人物、すなわち諸々の感覚像としての人物（＝諸々の〈感覚像としての人物〉）はどれも、多数の感覚像としての器官（＝多数の〈感覚像としての器官〉）を全体化し統一した全体・統一性である有機体であり、感覚像としての有機体であるのはいうまでもない。前意識の分節化は、この諸々の感覚像としての人物に準拠しておこなわれるものと考えられる。このため、どの心像としての人物も、感覚像としての人物と同様に、多数の心像としての器官（＝多数の〈心像としての器官〉）を全体化し統一した全体・統一性である有機体、いい換えれば心像としての有機体をなしているし、心像としての私は感覚像としての人物をかたどった心像としての有機体を形成している。

ドゥルーズ＝ガタリは、そのような諸々の心像としての人物と心像としての私へと切断され隔離される未分化の前意識のことを「利害（intérêt）」（＝中間（つまり人物と人物のあいだ）への没入＝未分化）と呼び、諸々の心像としての人物と心像としての私（＝複数の項＝４＋n）を、認識内容である諸々の感覚像（＝複数の項＝４＋n）と同様に「社会野」と呼ぶ。したがって、いま問題となっている構成プロセスは、利害が分節化されることによって、相互に隔離され区別された諸々の心像としての人物と心像としての私としての社会野になるという意味において、利害に社会野が連接するというプロセスであるといえる。これを簡潔に約言すれば、〈だから、これ（＝利害）は社会野である〉としての連接的総合（＝連接的総合の隔離的使用）とすることができるだろう。そして、こうした連接的総合によって構成された社会野が、私に現れるのである。

ここで、この社会野と、父－母－私というオイディプス三角形とのあいだに、一対一に対応する諸関係からなる集合が確立されることに関しては、前章での議論とパラレルである。そのときの一対一に対応する関係とは、〈だから、これ（＝ある心像）は私の父（＝イメージとしての父）である〉（換言すれば〈それゆえ、これ（＝ある心像）が意味しているのは、あれ（＝イメージしての父）である）としての連接的総合、あるいは〈だから、これ（＝ある心像）は私の母（＝イメージとしての母）である）換言すれば〈それゆえ、これ（＝ある心像）が意味しているのは、あれ（＝私）である）としての連接的総合である。

何らかの心像が私の父あるいは私の母あるいは私に一対一に対応するという意味で、何らかの心像に私の父あるいは私の母あるいは私が連接するこの連接的総合（＝連接的総合の一対一対応的使用）によって、社会野は全体として、父－母－私というオイディプス三角形へと適用される。父－母－私というオイディプス三角形へと適用されるという一対一対応の「適用」としてのオイディプスにより、社会野の意味は、父－母－私というオイディプス三角形ということになり、社会野は父－母－私というオイディプス三角形として解釈される。

父－母－私というオイディプス三角形という意味をもったこのような社会野が、私のもとに現れるとき、そこから成立すると考えられる私の意識は、次のようなものである。〈社会野（＝相互に区別された諸々の心像としての人物と心像としての私）は、諸々の心像としての人物と心像としての私を全体化し統一した全体・統一性である「階級意識（conscience de classe）」が、それである。この階級意識は、私は〈私（＝心像としての私）は階級に属している〉を意識しているという「階級意識（conscience de classe）」を私は意識しているという「階級意識」である）を意識しているという「階級意識」である）を意識しているという「階級意識」である。〈社会野（＝相互に区別された諸々の心像としての人物と心像としての私を全体化し統一した全体・統一性である「階級意識（conscience de classe）」が、それである。この階級意識は、私は〈私（＝心像としての私）は階級に属している〉を意識しているという「階級意識（conscience de classe）」を私は意識しているという「階級帰属意識」の形をとって姿を現すものと考えられ、そのような階級帰属意識は、まぎれもなく自己意識なのである。こうして、前意識である利害（＝潜在的なもの）は、〈私は階級に属している〉という意識内容として現実化されるにいたる。

このような自己意識として立ち現れる階級意識についてあらためて検討してみると、想定されるケースとして挙げることができるのは、階級が支配階級である場合と被支配階級である場合とである。前者の場合では、私は〈社会野は支配階級である〉を意識しているのであり、この階級意識の現れは、私は〈私（＝心像としての私）は支配階級に属している〉を意識しているという自己意識にほかならない。

それに対して、後者の場合、すなわち階級が被支配階級である場合ではどうだろうか。そこでは、私は〈私（＝心像としての私）は被支配階級に属している〉を意識しているということになる。この自己意識のもとになるものは、私は〈社会野は被支配階級である〉を意識しているという階級意識であるのは明らかである。

資本という社会機械を生み出す公理系という観点からすれば、脱コード化し脱領土化した労働者の流れとしての階級しか存在しない。それゆえに、ドゥルーズ＝ガタリは、「ブルジョア階級（bourgeoisie）」とはこの階級のことであると考える一方で、〈私は被支配階級に属している〉という意識内容に見られる被支配階級を「プロレタリア階級（prolétariat）」として位置づける。プロレタリア階級というと、生産手段をもたず、みずからの労働力を売らなければ生活が成り立たない労働者階級のことを指すのが一般的である。だがドゥルーズ＝ガタリによれば、まったく思いがけないことに、プロレタリア階級というのは、脱コード化し脱領土化した労働者の流れのように物質的なあり方を呈するのではなく、私が自身をめぐって抱く観念ということになる。[29]

以上に論じたように、オイディプス三角形の一項をなす私は、諸々の感覚像を認識し、自己が属する階級を意識している。しかしそれにもかかわらず、その私は複数の接続的総合の離接的総合を認識したり意識したりすることは、どうしてもかなわないのである。その理由は、複数の接続的総合の離接的総合をもとにして私が誕生するのであり、私が誕生したときには、もはや複数の接続的総合の離接的総合は存在しないので、もとより私は複数の接続的総合の離接的総合にアクセスすることができないからだ。そのため、前意識である利害が現実化されることによって、〈私は階級に属している〉という意識（＝意識内容）が形成されるのに対して、複数の接続的総合の離接的総合においておこなわれる欲望（＝欲望的生産）は、私にはアクセス不可能であるものという意味で「無意識（inconscient）」とすることができる。

社会的生産による抑制によって、複数の接続的総合の離接的総合（＝複数の接続的総合が登録された器官なき身体）から、欲望をおこなう複数の接続的総合が排除されることで、排除された複数の接続的総合（つまり欲望）がファルスを形成し、さらに複数の接続的総合（つまり欲望）にかわって、イメージとしての父とイメージとしての母とが、器官なき身体の上に登録されることとは、前章で詳しく説明した。このとき、欲望は無意識であることから、ファルス、イメージとしての父、イメージとしての母のおのおのは、私には認識されたり意識されたりしない無意識であると考える必要がある。また、それらのイメージとしての包括的人物に引き続いて導入されるイメージとしての姉妹、イメージとしての妻、イメージとしての子はどれも、イメージとしての父、イメージとしての母に並行して無意識であるとしなければならない。

さらに、オイディプス三角形による抑圧により、抑圧された、抑制の前の複数の接続的総合の離接的総合（つまり欲望）は、オイディプス・コンプレックスに置き換えられるがゆえに、オイディプス・コンプレックスも無意識ということになる。そして、こうしたオイディプス・コンプレックスの現実化である神経症を、私が認識したり意識したりすることは、けっして起こりえない。それというのも、神経症は、イメージとしての父とイメージとしての母と私とが一体化した未分化状態であり、そこにはもはや私は存在しないからである。

以上に見た前意識－意識と無意識との対比のもとで、複数の接続的総合のそれぞれは、何であったかといえば、複数の欲望機械の接続であり、全体化されたり統一されたりすることなく結びついている多数の欲望機械であった。だから、ドゥルーズ＝ガタリはそうした接続的総合を、諸々の心像としての人物と心像としての私を全体化し統一した全体・統一性である階級から明確に区別するために、「集団（groupe）」として位置づけるのである。

大地と専制君主と資本という諸々の社会機械を基調とした社会論的唯物論

本章のいままでの論述から了解されることは、大地を社会機械とした延長システムから、専制君主を社会機械とした複数の延長システムの離接的総合、それが進化した複数の脱コード化した流れの離接的総合を経由して、資本を社会機械とした二つの離接的総合の離接的総合へと進展し変容していくということである。しかしながら、このように時間的に変容するばかりではない。

時間的な変容によって造形された二つの離接的総合の離接的総合とともに、延長システム、複数の延長システムの離接的総合、複数の脱コード化した流れの離接的総合が存在すると考えることもできる。要するに、最終的には、延長システムと複数の延長システムの離接的総合と複数の脱コード化した流れの離接的総合と二つの離接的総合の離接的総合とが空間的に共存することが、原理原則として権利上要請されるのだ。そして、こうした共存関係のもとで考察するとき、（公理系から脱コード化し脱領土化したものが複数の接続的総合の離接的総合として構成され、その公理系が二つの離接的総合の離接的総合へと発展するので）二つの離接的総合の離接的総合の外部である複数の接続的総合の離接的総合は、三つの総合の不当な使用と五つの精神分析の誤謬推理を介して、オイディプス・コンプレックスを基体とする私と社会野との相関へと変容することになるのは、これまでの説明から疑う余地のないことである。

この三つの総合の不当な使用と五つの精神分析の誤謬推理は、複数の接続的総合の離接的総合にだけではなく、延長システムにも向けられると考えられる。ドゥルーズ＝ガタリの議論では、原初のものである複数の強度的出自の離接的総合は、神話として表現されることによって、複数の強度的出自の離接的総合の表現である神話をもつという。そして前章で叙述したとおり、こうした複数の強度的出自の離接的総合から複数の強度的出自が排除されることで残存した大地にもとづいて延長システムが立ち上がり、その延長システムでは、（抑制の前の）複数の強度的出自の離接的総合が、抑圧されることで近親相姦に置き換えられ、その近親相姦が延長システムの過去の姿とされる。それゆえに、延長システムには、その起源の物語として、複数の強度的出自の離接的総合の表現である神話が、存在し伝承されるのである。

このことから自明なことは、以下の点である。二つの離接的総合の離接的総合においておこなわれる社会的生産が、二つの離接的総合と共存する延長システムの神話における、欲望的生産の表現を抑制することを出発点とした、三つの総合の不当な使用と五つの精神分析の誤謬推理によって、延長システムの神話は、オイディプス・コンプレックスを基体とする私と社会野との相関に変容するという点が、それに該当する。これが意味するのは、（たとえば神話研究に見られるように）複数の強度的出自の離接的総合の表現である神話は、オイディプス・コンプレックスを基体とする私と社会野との相関として解釈されるという事態にほかならない。

また、延長システムと複数の延長システムの離接的総合と複数の脱コード化した流れの離接的総合と二つの離接的総合の離接的総合との共存のもとで、二つの離接的総合の離接的総合を中心とすれば、複数の脱コード化した流れの離接的総合には、周辺としてのポジションが与えられる。そのとき、商人資本と高利貸資本とを担った複数の脱コード化した流れの離接的総合において、複数の再コード化された流れ（＝複数の再コード化された脱コード化した流れ）が脱コード化し脱領土化し、それに連動して商人資本・高利貸資本が脱コード化し脱領土化することによって、脱コード化し脱領土化した労働者の流れと脱コード化し脱領土化した貨幣の流れとが、誕生するものと考えることができる。そして、この二つの脱コード化し脱領土化した流れが、偶然に出会い遭遇することで、二つの脱コード化し脱領土化した流れの遭遇としての、つまり二つの脱コード化し脱領土化した流れの連接としての公理系が、構成されることになる。

したがって、二つの離接的総合の離接的総合の成立に引き続いて、複数の脱コード化した流れの離接的総合という周辺において、脱コード化し脱領土化した労働者の流れと脱コード化し脱領土化した貨幣の流れとを形作る脱コード化と脱領土化が、ふたたび発動し、この二つの脱コード化し脱領土化した流れの偶然の遭遇が、再度生起するわけである。とはいえ、このことの意味とは、いったい何だろうか。

先に見たように、資本（＝x）という価値は、貨幣、生産要素、商品、貨幣というように姿態を変えながら生み出した増殖分の価値（＝dx）を追加の資本として用いることによって、自己増殖しみずからを拡大再生産する。こうした増殖分の価値を追加の資本として用いることとしての資本蓄積の一方で、脱コード化し脱領土化した労働者の流れと脱コード化し脱領土化した貨幣の流れとを形作る脱コード化と脱領土化、およびこの二つの脱コード化し脱領土化した流れの偶然の遭遇は、資本蓄積の前提条件をなす公理系を創出する過程としての本源的蓄積に当たる。複数の脱コード化した流れの離接的総合という周辺において、こうした本源的蓄積が再生産されるのだ。これにより、すでに成立している先進の二つの離接的総合の離接的総合という中心に対して、（本源的蓄積の再生産→公理系の構成→脱コード化し脱領土化したものの複数の接続的総合の離接的総合としての出現→（脱コード化し脱領土化するものが除かれた）公理系をもとにした〈賃金の流れと労働者〉という接続的総合と〈労働力の流れと生産手段〉という接続的総合の離接的総合の成立→）低開発の〈労働力の流れと労働者〉という接続的総合と〈貨幣の流れと生産手段〉という接続的総合の離接的総合という周辺が、成立する。

こうしてようやく、『アンチ・オイディプス』の第三章の内容をパラフレーズしつつ、大地から専制君主をへて資本へといたる社会機械の変容プロセスを編成し直すという本章の目的が達成された。そして、この編成し直しによって、ドゥルーズ＝ガタリが『アンチ・オイディプス』の第三章で築き上げた理論が、再構築されることになる。それは、延長システムに始まり、複数の延長システムの離接的総合、複数の脱コード化した流れの離接的総合をへて二つの離接的総合の離接的総合へとたどりつく通時的なプロセス、およびその通時的なプロセスの結果である二つの離接的総合の離接的総合が、延長システムと複数の延長システムの離接的総合と複数の脱コード化した流れの離接的総合と共存する共時的な地平からなる理論である。

このようにしてその全容を現した理論は、社会の諸位相を、生産・登録・消費を中核とした唯物論的思考法によって解き明かそうとする壮大な理論であるので、本書はこれに「社会論的唯物論」という名称を付与することにする。こう名づけるとき、これまでの本書での議論の流れから明らかなことは、精神分析理論が構築されるのは、乳児論的唯物論と社会論的唯物論とにもとづいてであるということである。つまり、乳児論的唯物論と社会論的唯物論を理論的前提にしてはじめて、精神分析理論は樹立され成立するわけである。

第三章　註

▼1　大地という社会機械は「大地機械（machine territoriale）」とも呼ばれ、専制君主という社会機械は「専制君主機械（machine despotique）」とも呼ばれ、資本という社会機械は「資本主義機械（machine capitaliste）」とも呼ばれる。

▼2　複数の強度的出自の離接的総合は、神話として表現されることで、複数の強度的出自の離接的総合の表現である神話をもつものと考えることができる。その神話では、複数の強度的出自の離接的総合での生産の生産は、（生きている）動物の狩猟による（死んだ動物としての）消費財の獲得、消費財の流通、（宝物などの）威信財の流通、女の子供の流通として表現され、登録の生産は、土地の上での消費財のストック（＝貯蔵）、土地の上での威信財のストック、土地の上での女の子供のストック（つまり結婚）として表現され、消費の生産は、祝祭における消費財の消費‐消尽として表現される。また、コードの剰余価値は以下のように表現される。あるものが祝祭を開き消費財を与え、その消費財を受けとった別のものがそれを消費‐消尽することで、祝祭を開き消費財を与えたあるものが威信を獲得するさいの威信、あるものが消費財を与え、その消費財を受けとった別のものが消費財を与えたあるものへお返しとして別の消費財を与えるさいの別の消費財、女の子供を与えたあるものと女の子供を受けとった別のものとのあいだで社会的地位の優劣が生じ、女の子供を与えたあるものが優越性を得るさいの優越性である。

▼3　本書第一章の▼3で述べた（欲望の）コードは、複数の接続的総合の離接的総合、すなわち〈第一の接続的総合であれ、第二の接続的総合であれ、第三の接続的総合であれ、第四の接続的総合であれ……〉（＝〈第一のコードであれ、第二のコードであれ、第三のコードであれ、第四のコードであれ……〉）を形作り、その意味で多義的である。それに反して、（社会的）コードは、〈第一の延長された出自（＝夫‐母‐姉妹という出自）か、第二の延長された出自（＝妻‐父‐兄弟という出自）か〉（＝〈第一のコードか、第二のコードか〉）を形作り、その

▼4

意味において排他択一的である。また、人間の生産（＝人間の再生産）をおこなう縁組をもった、二つの延長された出自の離接的総合である延長システムは、その見方を変えれば、生産物の生産という経済的生産（＝「経済的再生産（reproduction économique）」をおこなう生産者たちとして捉えることができる。

以下の大地の表象についての論述は、難解に感じられるかもしれないが、後に述べる帝国の表象と比較することで、大地の表象の理解がいっそう進むものと思われる。ここでは、そのことを念頭に置いて読んでいただきたい。

▼5

複数の延長システムの離接的総合において、複数の延長システムのおのおのは前述したように、別の見方をすれば、生産物を生産する生産者たちとして捉えられる。そのさい、専制君主は、複数の延長システム（＝複数の生産者たち）から返済された貨幣によって、複数の延長システムからその生産物を買いとり、贅沢に最大限に消費することで、みずからを維持する。それゆえに、複数の延長システムが専制君主に返済する貨幣は、専制君主の維持費としての税金として位置づけられる。そして、複数の延長システムが専制君主に貨幣を返し続けることが可能となるのは、複数の延長システムから専制君主へと返済された貨幣が、複数の延長システムが生み出した生産物との交換によって、専制君主から複数の延長システムへと還流し循環するからなのである。また、複数の延長システムが専制君主に存在の負債を返すとき、貨幣によって返すかわりに、複数の延長システムによる専制君主のための無償の剰余労働や、複数の延長システムが生み出した剰余生産物によって返すことも考えられる。

▼6

複数の脱コード化した流れの離接的総合では、土地について二つの見方ができる。その一つは先に見たように、進化した国家が、みずからが所有している複数の土地を複数の延長された出自に貸しているという見方であり、いま一つは、生産者たちが土地を私的に所有しているという見方である。

▼7

公理系において、脱コード化し脱領土化した労働者の流れと脱コード化し脱領土化した貨幣の流れとはそれぞれ、「公理（axiome）」ということになる。

▼8
ただし、労働イコール生産とはいえない。なぜならば、生産期間には、労働期間とともに、原料や製品の乾燥、作物の成熟などの労働がおこなわれない期間も、含まれているからである。

▼9
賃金の流れと商品の流れとの交換によって、〈賃金の流れと労働者〉という接続的総合と〈商品の流れと生産手段〉という接続的総合の離接的総合は、〈商品の流れと〈現役の労働者と失業状態の労働者としての〉労働者〉という接続的総合と〈〈現役の労働者が支払った賃金の流れと失業状態の労働者が支払った賃金の流れとの総額としての〉貨幣の流れと生産手段〉という接続的総合の離接的総合（＝〈［商品の流れと労働者」か、［貨幣の流れと生産手段］か〉）になる。

▼10
商品＝貨幣という等式は、商品（＝ある商品）がもつ価値は貨幣（＝ある量の貨幣）がもつ価値に等しいということであり、だから商品は貨幣——貨幣も数ある商品の一つである——と交換可能である。

▼11
商品A＝商品G、商品B＝商品G、商品C＝商品G……が成り立ち、商品G以外のどの種類の商品の価値も、商品Gの使用価値量として表現されるとき、その特殊な商品Gを一般に「貨幣」という。したがって、第一の商品＝ある量の貨幣、第二の商品＝ある量の貨幣、第三の商品＝ある量の貨幣……が同時に成立し、つまり第一の商品＝第二の商品＝第三の商品……＝ある量の貨幣が成立する。このため、同一の量の貨幣は、第一の商品の価値が表現されたものであり、第二の商品の価値が表現されたものであり、第三の商品の価値が表現されたものであり……となる。また、商品の価値の表現である貨幣、すなわち商品の価値の貨幣による表現は、一般に価格とされる。

▼12
複数の強度的出自の離接的総合において、複数の強度的出自は〈これであれ、あれであれ〉という離接の形式で離接していて「間接的（indirect）」な関係にあり、それゆえに（たとえば母乳の流れ、光の流れ、音の流れ……に見られるように）ある強度的出自における流れは、他の強度的出自における流れから「質的（qualitatif）」に異なり、そうした流れは採取－切断された「限定的（limité）」なものである。そして、欲望的生産をおこなう複数の強度的出自は、大地の上に登録されているので、土地へと実体化する大地という「経済外（extra-

économique）」の登録の表面から発現してきたかのような様相を呈する。そのため、〈欲望の〉コード（＝大地の上に登録された強度的出自）は、間接的、質的、限定的、経済外という性格を有している。

他方で、「無限定（illimité）」な抽象「量（quantité）」が具体的になることによって、$\frac{Dy}{Dx}$という微分的関係が現れる。その微分的関係は、Dx が Dy によって限定され枠づけられた具体的なものであり、Dy と Dx との連接であって、それは Dy と Dx とのあいだの「直接的（direct）」な関係である。こうした直接的な関係から成立する〈賃金の流れと労働者〉という接続的総合と〈労働力の流れと生産手段〉という接続的総合の離接的総合において、社会的生産をおこなう〈労働力の流れと生産手段〉という接続的総合は、資本の上に登録されているから、労働力の流れを売ったもの（＝〈賃金の流れと労働者〉という接続的総合）と買ったもの（＝〈労働力の流れと生産手段〉という接続的総合）との売買関係である資本という「経済的（économique）」な登録の表面から発現してきたかのような様相を呈する。

▼13

労働力の流れが労働手段を用いて労働対象に対して労働することで、生産物（＝商品の流れと新たな生産手段）が生産される。このことは、労働力の流れと生産手段（＝労働手段と労働対象）との消費（＝生産的消費）によって、生産物が生産されることとして捉えられる。このことはさらに、労働の二重性という観点から以下のように捉え直すことができよう。労働力の流れの消費である労働は、具体的有用労働と抽象的人間労働からなる。具体的有用労働は、労働手段を使って労働対象から、使用価値である生産物を生み出すと同時に、生産手段の価値を生産物に移転させる。その一方で、抽象的人間労働は、生産物（＝商品）に新しい価値（＝労働力の流れの価値と同じ価値と、それを超えた過剰な価値との総体）を付加する、というように捉え直される。また、〈労働力の流れと生産手段〉という接続的総合は、労働による生産を介して〈商品の流れと生産手段〉という接続的総合へと変貌を遂げるが、その商品の流れの一部は、〈商品の流れと生産手段〉という接続的総合を所有するとされる資本家の個人的消費にあてられると考えられる。なお、この▼13から▼21までと▼23とは、カール・マルクス『資本論』全九巻、岡崎次郎訳、大月書店、一九七二年、ヨハン・モスト、カール・マルクス加筆・改訂『マルクス自身の手による資本論入門』大谷禎之介訳、大月書店、二〇〇九年、『資本論』の精確で批判的な読解である宇野弘蔵『経済原論』岩波書店、二〇一六年（一九六四年）の論述にもとづいた補足であるが、本書は、これらの註を読まなくても本文を理解することができるように構成されている。

〈商品の流れと生産手段〉という接続的総合は、〈賃金の流れと労働者〉という接続的総合に商品の流れを売る。その販売のためには、商品の流れ（＝使用価値）の保存のために商品の流れを運搬することと、商品の流れの実現（＝労働者による商品の流れの消費）のために商品の流れを運搬することが、どうしても必要である。それゆえ、〈商品の流れと生産手段〉という接続的総合は保管費用で、保管のための労働力の流れと、保管に必要な物的手段とを買うことによって、その労働力の流れはその物的手段を用いて商品の流れを保管する。さらに、〈商品の流れと生産手段〉という接続的総合は運搬費用で、運搬のための労働力の流れと、運搬に必要な物的手段とを買うことによって、その労働力の流れはその物的手段を用いて、商品の流れの購買者である〈賃金の流れと労働者〉という接続的総合のもとに商品の流れを運搬する。これらのことを捉え返せば、保管のための労働力の流れと運搬のための労働力の流れとの消費する労働において、具体的有用労働は、保管に必要な物的手段と運搬に必要な物的手段とを使って商品の流れを保管し運搬すると同時に、それらの物的手段の価値を商品の流れに移転させる。その一方で、抽象的人間労働は、商品の流れに新しい価値（＝保管のための労働力の流れの価値と、運搬のための労働力の流れの価値と、それを超えた過剰な価値、および運搬のための労働力の流れの価値と、それを超えた過剰な価値の総体）を付加する。

労働者は現役であれ失業状態であれ、使用価値である商品の流れを消費することで、使用価値である労働力の流れを生産する。この労働力の流れという商品の流れの価値を生産するのに必要な商品の流れ（＝労働者が消費する商品の流れ）の価値の量は、労働力の流れを生産するのに必要な商品の流れ（＝労働者が消費する商品の流れ）の価値の量に等しいと考えられる。そのさい、先に触れたように、商品の流れの価値の実体は、商品の流れの価値を生み出す抽象的人間労働なので、商品の流れの価値の量は、商品の流れの価値を生み出す抽象的人間労働の分量によって決定される。だから結局、労働力の流れの価値の量は、労働力の流れを生産するのに必要な商品の流れの価値を生み出す抽象的人間労働の分量によって決定されることになる。また、労働者の個人的消費として、労働者による〔労働力の流れを生産する〕商品の流れの消費のほかに、労働者が自分の快楽のために商品の流れを消費する不生産的消費を考えることができる。この不生産的消費は、労働者が、労働力の流れの価値より量的に大きい価値をもつ賃金の流れを手に入れたときにおこなわれる。

▼16

〈商品の流れと生産手段〉という接続的総合が、〈賃金の流れと労働者〉という接続的総合に商品の流れを売る販売行為の過程と、〈貨幣の流れと生産手段〉という接続的総合が、〈労働力の流れと労働者〉という接続的総合から労働力の流れという商品の流れを買う購買行為の過程とからなる流通過程には、流通費が発生する。その流通費のなかには、先に言及した保管費用・運搬費用のほかに、次のような費用も含まれる。商品の流れの販売と購買に直接関連する業務に必要な費用である売買費用、滅失した〔金や銀などの〕貨幣の流れという商品の流れを補給するために、貨幣の流れという商品の流れを生産するのに必要な費用である貨幣費用、財産の変動を記録・計算するのに必要な費用である簿記費用が、それである。したがって、〈商品の流れと生産手段〉という接続的総合は売買費用で、労働力の流れと物的手段とを買うことによって、その労働力の流れはその物的手段を用いて、商品の流れの販売と購買に直接関連する業務をおこなう。またそれと同様に、貨幣の流れという商品の流れの生産と、財産の変動の記録・計算とをおこなうために、〈商品の流れと生産手段〉という接続的総合は貨幣費用と簿記費用とを支出する。だが、保管費用による労働〔＝保管に関わる労働〕も運搬費用による労働〔＝運搬に関わる労働〕もどちらも、販売すべき商品の流れ〔＝使用価値〕に直接関係するのに対して、売買費用による労働〔＝商品の流れの販売と購買に直接関連する業務に関わる労働〕も貨幣費用による労働〔＝貨幣の流れという商品の流れの生産に関わる労働〕も簿記費用による労働〔＝財産の変動の記録・計算に関わる労働〕もいずれも、販売すべき商品の流れに直接関係しないことから、その労働と、それが使う物的手段とは、商品の流れの価値を増加させることはない。

▼17
資本は、一方で社会機械（＝〈これか、あれか〉という離接の形式）であり、他方で貨幣－生産要素－商品－増殖した貨幣という運動にそって、貨幣、生産要素、商品、貨幣というように姿態を変えながら自己増殖する価値の運動体なのである。

▼18
商業資本は次の二つに分類される。一つは、商品の流れを販売し商業利潤（＝剰余価値の一部分）を獲得するために、〈商品の流れと生産手段〉という接続的総合から商品の流れを購買する貨幣資本（＝貨幣という姿を身にまとった資本）であり、これは「商品取扱資本」という。もう一つは、商業利潤を獲得するために、〈貨幣の流れと生産手段〉という接続的総合における貨幣の流れと、商品取扱資本としての貨幣資本とについて、その出納・保管・計算・支払い・決済・両替などの貨幣流通上の純技術的操作をおこなう貨幣資本であり、これは「貨幣取扱資本」という。なお、商業資本の業務にかかる人的費用と物的費用は、剰余価値から補填される。

▼19
利子生み資本は利子（＝産業資本が自己増殖することで得る（価値としての）利潤である産業利潤の一部分、あるいは商業利潤の一部分）を獲得するために、（貨幣という姿を身にまとった）産業資本あるいは商業資本へ（貨幣という姿を身にまとった）産業資本あるいは商業資本として貸し付けられる貨幣資本である。そのさい、借手の（貨幣という姿を身にまとった）産業資本が得るものは、産業利潤から利子を差し引いた残りの部分であり、借手の商業資本が得るものは、商業利潤から利子を差し引いた残りの部分である。この残りの部分は、利子に対して企業者利得とされ、借手の（貨幣という姿を身にまとった）産業資本ないしは商業資本にとっては、労働者（つまり労働力の流れ）という他人による不払労働の結果ではなく、自身が労働者の監督という労働をした結果として得る賃金としての監督賃金とみなされることになる。

また、利子生み資本から貨幣資本を借り入れる借入と、（貨幣という姿を身にまとった）産業資本あるいは商業資本へ、その貨幣資本を（貨幣という姿を身にまとった）産業資本あるいは商業資本として）貸し付ける貸付という、貸手と借手を媒介する業務が、貨幣取扱資本に結びつくと、その資本は「銀行資本」と呼ばれる。そのときの貸付の形態は、現金による貸付（その方法には①手形割引、②対人信用による直接貸付、③担保貸付の三種類がある）――利子生み資本から借り入れられた貨幣資本による貸付が、現金による貸付の本来であるが、その特殊な形として、銀行資本が貨幣取扱資本として保管する貨幣による貸付もある――ないしは支払約束による貸付であり、そのいずれも、銀行資本が、借手である（貨幣という姿を身にまとった）産業資本あるいは商業資本に信用を与えることでなされる。こうした信用は、売手である〈商品の流れと生産手段〉という接続的総合が、買手である商品取扱資本に信用を与え、手形と引き換えに商品の流れを貸し付けるさいの信用が、商業信用であるのに対して、「銀行信用」といわれる。なお、銀行業務の利潤は、銀行資本が借り入れるときの利子よりも高い利子で貸し付けることにより生じる利子の差額部分から、人的費用を含む銀行業務の経費が差し引かれた残りであるのはいうまでもない。さらに、（貨幣という姿を身にまとった）産業資本が貨幣資本を得るために株式を発行し、それを利子生み資本が買い、後に配当を受けとる場合、その配当は利子とみなされ、配当を利子率（＝貸し付けられた貨幣資本に対する利子の比率）で除して資本に還元したもの（＝擬制資本）が、額面とは違う株式の価格となる。

▼20 先に述べたように、複数の脱コード化した流れの離接的総合のもとでの縁組資本は、商人資本と高利貸資本であった。いままでの資本にまつわる検討にもとづくならば、それらは以下のように定義し直される。商人資本とは、商品を高く売るために商品を安く買う貨幣資本であり、高利貸資本とは、生産者に高利で貸し付けられる貨幣資本のことである。

▼21 貨幣－生産要素－商品－増殖した貨幣という運動が無際限に反復され、到達しうる終着点をもたない。このことが意味するのは、以下のことである。〈労働力の流れと生産手段〉という接続的総合がもつ生産力が高くなり、それにともなって、生産物に加工される労働対象の分量が増加して、生産手段の価値が増え、それに連動して、労働力の流れの価値（＝労働力の流れの購入のために投下された貨幣の流れの価値）が減る

〈また、別の見方では、生産力が高くなる場合、生産力が変わらない場合と比較すると、高くなった生産力によって生み出された商品の流れの価値が低下し、その商品の流れと交換された貨幣の流れの価値が低下し、その貨幣の流れは労働力の流れの購入のために投下される貨幣の流れにほかならない）。そしてそのことで、可変資本（＝労働力の流れの購入のために投下された貨幣の流れの価値）に対する不変資本（＝生産手段の価値）の比率が、（生産力が一定のままであればたえず一定で不変であるので）生産力が高くなる前で一定のままであるときよりも高くなる。こうしたことが繰り返し何度も生起するということである。そのため、利潤率（$=\frac{M}{C+V}=\frac{M}{V}\times\frac{V}{C+V}=\frac{\frac{M}{V}}{\frac{C}{V}+1}$（なお$C$は不変資本、$V$は可変資本、$M$は産出された剰余価値））の傾向的低下も終わらない。

▼22 〈労働力の流れと労働者〉という接続的総合と〈貨幣の流れと生産手段〉という接続的総合の離接的総合における〈これか、あれか〉という離接の形式と同じように、〈労働力の流れと技術機械〉という接続的総合と〈貨幣の流れと生産手段〉という接続的総合の離接的総合における〈これか、あれか〉という離接の形式も、資本という社会機械である。

▼23 〈労働力の流れと労働者〉という接続的総合と〈貨幣の流れと生産手段〉という接続的総合の離接的総合における生産力は、〈労働力の流れと技術機械〉という接続的総合と〈貨幣の流れと生産手段〉という接続的総合の離接的総合におけるそれより低いので、〈労働力の流れと労働者〉という接続的総合と〈貨幣の流れと生産手段〉という接続的総合の離接的総合における、労働力の流れの購入のために投下された貨幣の流れの価値に対する生産手段の価値の比率は、〈労働力の流れと技術機械〉という接続的総合と〈貨幣の流れと生産手段〉という接続的総合の離接的総合におけるそれより低いと考えられる（▼21を参照）。これが意味するのは、以下のことである。〈労働力の流れと労働者〉という接続的総合と〈貨幣の流れと生産手段〉という接続的総合の離接的総合と、〈労働力の流れと技術機械〉という接続的総合と〈貨幣の流れと生産手段〉という接続的総合の離接的総合とのあいだで、労働力の流れの購入のために投下された貨幣の流れの価値の量と生産手段の価値の量との総和が等しく、労働力の流れの購入のために投下された貨幣の流れの

価値（＝可変資本）に対する剰余価値の比率である剰余価値率が等しい場合、〈労働力の流れと労働者〉という接続的総合と〈貨幣の流れと生産手段〉という接続的総合の離接的総合に由来する人間による剰余価値のほうが、〈労働力の流れと技術機械〉という接続的総合と〈貨幣の流れと生産手段〉という接続的総合の離接的総合に由来する機械による剰余価値よりも大きいということだ。この人間による剰余価値と機械による剰余価値との差、すなわち超過利潤は、次のような地代に転化しうる。〈労働力の流れと労働者〉という接続的総合と〈貨幣の流れと（土地を含む）生産手段〉という接続的総合の離接的総合を、〈労働力の流れと労働者〉という接続的総合と〈貨幣の流れと（土地を含まない）生産手段〉という接続的総合の離接的総合と、土地所有者との関係として捉え直すならば、〈貨幣の流れと（土地を含まない）生産手段〉という接続的総合（＝土地をもたない〈貨幣の流れと生産手段〉という接続的総合）は、土地所有者から生産手段となる土地を借り、そのかわりに土地所有者に地代を支払うことになり、そのさいの地代である。そして、株式の配当と同様に、地代を利子とみなし、地代を利子率で除して資本に還元したもの（＝擬制資本）が、土地の価格となる。つまり、労働の生産物ではないから価値をもたない土地が、価値の貨幣による表現である価格をもつわけである。

▼24 〈賃金の流れ〉と〈頭脳労働のための労働力の流れと生産手段〉という接続的総合の離接的総合において、〈これか、あれか〉という離接の形式は、資本という社会機械であるのはいうまでもない。

▼25 ドゥルーズ＝ガタリによれば、科学的公理系に対して、前に述べた二つの公理系、すなわち脱コード化し脱領土化した労働者の流れと脱コード化し脱領土化した貨幣の流れとの連接としての公理系、および脱コード化し脱領土化した頭脳労働のための労働力の流れと脱コード化し脱領土化した貨幣の流れとの連接としての公理系はそれぞれ、「社会的公理系（axiomatique sociale）」とされる。

▼26 別のいい方に換えれば、交換された知識資本の流れが消費されることで、〈労働力の流れをもった〉技術機械が生産される。

▼27 精神化された潜在状態の専制君主である原国家と、内在化された（具体的になった）原国家である資本主義国家とにおいて、資本主義国家の一方で、「ファシズム国家（Etat fasciste）」は原国家であるとすることができる。

▼28 資本主義国家が流れの剰余価値の最大部分を吸収することは、次のようにも表現することができる。生産（＝再生産）された貨幣の流れの価値と生産手段の価値との総体のなかに、流れの剰余価値は含まれており、資本主義国家は貨幣の流れの価値と生産手段の価値との総体から、流れの剰余価値の最大部分を明確に区別し切りとるという意味で、流れの剰余価値の最大部分を現実化するというようにである。そして、政治的軍事的経済的複合体として実体化される資本主義国家は、二つの離接的総合から吸収した流れの剰余価値の最大部分（すなわち生産された貨幣の流れの一部分）を、政治的活動（＝政治的登録＝（警察などの）政治的規制）・軍事的活動（＝（戦争といった）軍事的消費）・経済的活動（＝（公共事業などの）経済的生産）のための費用として支出することで、その流れの剰余価値の最大部分は、資本主義国家から二つの離接的総合へと還流し循環していくことになる。

▼29 意識内容におけるプロレタリア階級に対して、認識内容における感覚像としての「社会主義国家（Etat socialiste）」ないしは感覚像としての「政党（parti）」は、意識内容におけるプロレタリア階級が具体化したもの、意識内容におけるプロレタリア階級が表現されたもの、また意識内容におけるプロレタリア階級の代表として捉えることができる。

第四章　スキゾ分析理論——『アンチ・オイディプス』第四章を読む

『アンチ・オイディプス』第四章の論点をなすスキゾフレニーへの逃走

『アンチ・オイディプス』の「第四章　スキゾ分析への序章（chapitre 4 introduction à la schizo-analyse）」において取り上げ論じられるテーマを提示するために、前章で詳しく展開した資本（＝資本主義）という社会機械と精神分析とにまつわる議論を振り返ってみることにしよう。脱コード化し脱領土化した労働者の流れと脱コード化し脱領土化した貨幣の流れとの連接としての公理系が形成されると、脱コード化し脱領土化していく（＝公理系から逸脱し漏出していく）ものがあり、その脱コード化し脱領土化した公理系の外部は、複数の接続的総合の離接的総合として立ち現れる。さらに、公理系にとどまったもの（＝脱コード化し脱領土化するものが除かれた公理系）をもとにして、二つの離接的総合の離接的総合（＝〈「労働力の流れと労働者」という接続的総合と「貨幣の流れと生産手段」という接続的総合の離接的総合か、「労働力の流れと技術機械」という接続的総合と「貨幣の流れと生産手段」という接続的総合の離接的総合か〉）が、構成される。

こうして、二つの離接的総合の離接的総合と複数の接続的総合の離接的総合とが存在する構図が立ち上がる。この構図は、互いに対立する「モル的なもの（molaire）」と「分子的なもの（moléculaire）」という観点から、以下のように理解し直すことができるだろう。

二つの離接的総合の離接的総合において、〈労働力の流れと労働者〉という接続的総合は、労働力の流れという部分対象と労働者という部分対象との接続である一方で、労働力の流れを内包した労働者であることから有機体として捉えることも可能である。つまり、それは、多数の器官を全体化した個体的な全体（＝有機体）として、また多数の器官を統一した個体的な統一性（＝有機体）として把握することもできる。

それと同じように、〈労働力の流れと技術機械〉という接続的総合も、労働力の流れという部分対象と技術機械という部分対象との接続である一方で、労働力の流れを内包した技術機械なので、多数の部品を全体化した構造的な全体として、また多数の部品を統一した構造的な統一性として捉えることも可能である。

そのため、〈労働力の流れと労働者〉という接続的総合も〈労働力の流れと技術機械〉という接続的総合もどちらも、全体・統一性という意味でモル的なものであり「モル的集合（ensemble molaire）」であるといえる。労働者も〈労働力の流れを内包した〉技術機械もどちらも、換言すれば〈労働力の流れを内包した〉技術機械もどちらも、全体・統一性という意味でモル的なものであり「モル的集合（ensemble molaire）」であるといえる。

こうしたモル的なものに対して、複数の接続的総合の離接的総合は本書第一章で見たとおり、複数の接続的総合が全体化することなく離接し群れている多様性であるがゆえに、多様性という意味での分子的なものとして理解される。さらに、複数の接続的総合の離接的総合における個々の接続的総合は、接続している複数の欲望機械であるため、複数の欲望機械が全体化することなく接続しつながっている多様性であり、複数の接続的総合が離接し群れている多様性のなかの多様性であると考えられる。したがって、接続的総合も、表現をかえれば〈接続している複数の〉欲望機械もまた、多様性という意味での分子的なものとして位置づけることができ、（個々の）欲望機械はモル的集合と際立った対照をなす。

「分子的要素（élément moléculaire）」とみなされる。

この議論からただちに導き出すことができるのは、次のことである。二つの離接的総合の離接的総合と複数の接続的総合の離接的総合とが存在する構図の抽象レベルを引き上げることによって姿を現すのはほかでもない、モル的なものと分子的なものとの二元性なのだ。

このような二元性として抽象化される構図のもとで、複数の接続的総合の離接的総合は三つの総合の不当な使用と五つの精神分析の誤謬推理を経由して、オイディプス・コンプレックスを基体とする私と社会野（＝認識内容）との相関へと変容することに関しては、すでに何度も触れた。だから、二つの離接的総合の離接的総合と複数の接続的総合の離接的総合とが存在する構図にかわって、二つの離接的総合の離接的総合、およびオイディプス・コンプレックスを基体とする私と社会野との相関が存在する構図が、新たに成立することになる。

そして、オイディプス・コンプレックスを基体とする私と社会野との相関のもとでのイメージとしての父とイメージとしての母とはそれぞれ、イメージとしての包括的人物すなわちイメージとしての有機体であり、それは、多数のイメージとしての器官（＝多数の〈イメージとしての器官〉）を全体化した個体的な全体であり、多数のイメージとしての器官（＝多数の〈イメージとしての器官〉）を統一した個体的な統一性であるものと理解することができる。それゆえに、イメージとしての父とイメージとしての母のおのおのは、モル的なものでありモル的集合であるとみなされる。この点から、分子的なものはモル的なものに置き換えられることがわかる。

そのとき、二つの離接的総合の離接的総合においては、二つの離接的総合（＝〈労働力の流れと労働者〉という接続的総合と〈貨幣の流れと生産手段〉という接続的総合の離接的総合と、〈労働力の流れと技術機械〉という接続的総合と〈貨幣の流れと生産手段〉という接続的総合の離接的総合）が、資本主義国家（＝新しい領土性）の上に登録されていることは、前に見たとおりである。このことについて検討するために、前章で言及した延長システムにおける二つの延長された出自の離接的総合をあらためて考察し直してみることにしよう。

二つの延長された出自の離接的総合では、大地の上に登録された二つの延長された出自（＝夫－母－姉妹という出自と、妻－父－兄弟という出自）のあいだに、縁組（＝夫と妻との接続）が結ばれている。これが意味するのは、身体としての夫と（身体としての妻の）身体としての父・身体としての兄弟とが、身体としての妻を介して接続していることであり、夫－母－姉妹という出自と、父－兄弟という出自とが、縁組によって接続しているということである。こうした男性間の同性愛、いい換えれば二つの出自のあいだの同性愛的な結びつきとパラレルに、二つの離接的総合の離接的総合を次のように考えることが可能である。

二つの離接的総合の離接的総合では、資本主義国家の上に登録された二つの離接的総合のあいだに、資本の移動が起こる。どういうことかというと、〈労働力の流れと労働者〉という接続的総合と〈貨幣の流れと生産手段〉という接続的総合の離接的総合における貨幣の流れがもつ資本（＝$x+dx$）から、その一部が、〈労働力の流れと技術機械〉という接続的総合と〈貨幣の流れと生産手段〉という接続的総合の離接的総合における貨幣の流れがもつ資本（＝$x+dx$）へと供給されることになる。これは、一方の出自資本（＝$x+dx$）と他方の出自資本（＝$x+dx$）とが、一方の出自資本から他方の出自資本に供給された資本を介して、また他方の出自資本と、一方の出自資本に由来する資本との接続としての縁組によって接続される事態にほかならない。こうして、資本主義国家の上には、二つの出自資本のあいだの同性愛的な結びつきが、立ち上がるのであり、それは同性愛的な結びつきとしての「倒錯（perversion）」として捉えられる。[1]

このような倒錯がよって立つ資本主義国家のモデルとなっているのは、原国家（＝モデルとしての潜在状態の専制君主）であることは、前章での議論のとおりである。この原国家はもともとは、複数の延長システムの離接的総合における専制君主であり、それは、専制君主による超コード化と所有・支配から逃れようとする複数の延長システムに対して、専制君主によって超コード化され所有・支配された状態に押し戻すという意味で抑圧する。この専制君主と同じように、原国家も、抑圧するという機能を備えていると考えることができるので、パラノイア的（＝反発的＝反撃的）に抑圧する（パラノイア＝反発＝反撃＝抑圧）という機能を備えたものという意味での「パラノイア（paranoïa）」として位置づけられる。

また、本書第二章で述べたように、オイディプス・コンプレックスを基体とする私と社会野との相関のもとにある私が、イメージとしての母と近親相姦しイメージとしての父の地位を占めることによって、イメージとしての父とイメージとしての母と私とが渾然一体となった未分化状態としてのオイディプス・コンプレックスが、生み出されることが起こりうる。要するに、私はオイディプス・コンプレックスへと退行する可能性をもっているわけだ。そして、実際に退行することで生成し成立したオイディプス・コンプレックスは、神経症とされる。

いま説明した倒錯、パラノイア、神経症に対して定義されるのが、「スキゾフレニー（schizophrénie）」という存在である。スキゾフレニーがどのように定義づけられるのかを明らかにするには、オイディプス・コンプレックスを基体とする私と社会野との相関における〈イメージとしての父か、イメージとしての母か〉についてもう一度考察してみなければならない。

大地という社会機械が〈これか、あれか〉という離接の形式であることから、〈これか、あれか〉という離接の形式である資本主義国家は、新しい領土性あるいは現代的領土性として把握される。これと同様にして、〈イメージとしての父か、イメージとしての母か〉における〈これか、あれか〉という離接の形式は、「私的な領土性（territorialité intime et privée）」として捉えることができる。また、私的な領土性の上に登録されたイメージとしての父とイメージとしての母とはそれぞれ、大地という社会機械の上に登録された二つの延長された出自のおのおのが、コードであることに並行して考えれば、家族的なコードであるとすることができる。

この私的な領土性と家族的なコードという視点から前記の議論をシンプルに捉え返してみれば、こうなるだろう。公理系において脱コード化し脱領土化したものが、複数の接続的総合の離接的総合として出現する。そうした（脱コード化し脱領土化した）複数の接続的総合の離接的総合にかわって立ち上がった私的な領土性と二つの家族的なコードのもとで、三角形化（＝イメージとしての母と近親相姦することを禁じ、イメージとしての父の地位を占めることを禁じるという禁止）が、おこなわれることで、父－母－私というオイディプス三角形（＝私的な領土性と二つの家族的なコードと、それらにもとづいた私）が造形される。つまるところ、複数の接続的総合の離接的総合は、父－母－私というオイディプス三角形へと作り替えられるのであり、そのように作り替えられるという意味で、父－母－私というオイディプス三角形のなかに閉じ込められるわけだ。

この作り替えは、（脱コード化し脱領土化した）複数の欲望の流れ（＝複数の接続的総合の離接的総合）が、精神分析（＝三角形化）をへて、（私をともなった）私的な領土性と二つの家族的なコードへとすっかり変貌することでもあるから、精神分析が複数の欲望の流れを再領土化し再コード化することと捉え直すことができそうである。そして、こうした再領土化と再コード化としての「統合（intégration）」をはじめとする三つの総合の不当な使用と五つの精神分析の誤謬推理を介して樹立されるもの、それこそが、オイディプス・コンプレックスを基体とする私と社会野との相関なのである。

こうして成立したオイディプス・コンプレックスを基体とする私と社会野との相関において、私的な領土性と二つの家族的なコードのもとにある私が、私的な領土性と二つの家族的なコードから「逃走（fuite）」するという意味で脱コード化し脱領土化するものと仮定してみよう。この脱コード化と脱領土化によって、私は複数の接続的総合の離接的総合へと立ちいたり、複数の接続的総合の離接的総合になると考えることができる。

そのさい、私的な領土性と二つの家族的なコードからの逃走としての脱コード化と脱領土化は、すぐ前で触れた複数の欲望の流れの再領土化と再コード化としての複数の欲望の流れの統合とは逆方向の運動であることを見てとることができる。ドゥルーズ＝ガタリは、複数の欲望の流れがたどる「統合線（ligne d'intégration）」に逆らって、私が「逃走線（ligne de fuite）」をたどることからもたらされる複数の接続的総合の離接的総合のことを「スキゾ（schizo）」と呼び、スキゾでおこなわれる欲望的生産をスキゾフレニーとする。そして、スキゾフレニーへの逃走についての理論を築き上げることを、『アンチ・オイディプス』の第四章のテーマとして設定する。このような事情から、『アンチ・オイディプス』の第四章の議論を読み替え翻案しながら、スキゾフレニーへの逃走についての理論を組み立て直すことを、本章のなすべき第一の任務としたい。

1　スキゾ分析理論

資本という社会機械を打倒しようとする来るべき欲望的生産であるスキゾフレニー

スキゾフレニーというものをよりいっそう明快に理解するには、本書第一章で考察した複数の接続的総合の離接的総合についての論理上の形成過程に関して、あらためて確認することがもとめられる。本書第一章での論述によると、論理的な視座から考えるとき、自身の上に侵入しようとする有機体を押し返し、それに対して反発し反作用した器官なき身体が、複数の接続的総合を自分の上に登録することによって、複数の接続的総合の離接的総合が形作られるのであった。このことが意味するのは、器官なき身体は複数の接続的総合の離接的総合に論理上先立つという点である。この論理的な前後関係にもとづくならば、スキゾフレニーへの逃走をめぐって以下のように考えることが可能となる。

オイディプス・コンプレックスを基体とする私と社会野との相関において、私的な領土性と二つの家族的なコードのもとにある私は、私的な領土性と家族的なコードから逃走する可能性をもっている。そして、実際に逃走するならば、その逃走は、あたかも壁に衝突しそれを突破することができないかのように十分にはなされない。したがって、私は私的な領土性と二つの家族的なコードから、換言すれば父－母－私というオイディプス三角形から、みずからを解放するものの、複数の接続的総合の離接的総合にまで立ちいたることはできずに、複数の接続的総合の離接的総合に論理の上で先行する器官なき身体に陥ってしまうと考えられる。

このように、私が器官なき身体になるとき、その器官なき身体はもちろん、単なる〈これであれ、あれであれ〉という離接の形式にすぎないのであり、自身の上に侵入しようとする有機体（つまり、器官なき身体の上に侵入し、器官なき身体を〈有機体であれ、……であれ〉＝〈有機体〉にしようとする有機体）に対して反発し反作用する（つまり、有機体化されることに抵抗し、器官なき身体自身の存立を守る）。ドゥルーズ＝ガタリは、こうした器官なき身体として捉えられるものは、心も体も破壊されて自閉症化した廃人としての「精神病（psychose）」、自身から現実（＝有機体）を排除し、現実の欠如を幻覚によって埋め合わせる精神病者としての精神病なのだという。

だから、このケースでの私的な領土性と二つの家族的なコードからの逃走は、自身の完全な解放というよりも、二つの家族的なコードをもった私的な領土性から立ち去り、家族的なコードなき器官なき身体という領土性としての精神病に変容することであり、その意味で（二つの家族的なコードをもった）私的な領土性から（家族的なコードなき）器官なき身体という領土性（としての精神病）への移行ということになる。要するに、それは二つの家族的なコードから離脱することでしかなく、二つの家族的なコードから離脱することとしての脱コード化することなのである。

こうした精神病に関連した議論を踏まえると、理論上、次のようなことを想定することができる。オイディプス・コンプレックスを基体とする私と社会野との相関において、私的な領土性と二つの家族的なコードのもとにある私が将来、あたかも壁を貫き突破するかのように私的な領土性と二つの家族的なコードから十分に逃走することによって、私的な領土性と二つの家族的なコードから、別言すれば父－母－私というオイディプス三角形からみずからを解放し、複数の接続的総合の離接的総合になるということが想定される。

ドゥルーズ＝ガタリによれば、理論上、将来到来することが想定されるこの来るべき複数の接続的総合の離接的総合がスキゾであり、そこでおこなわれる来るべき欲望的生産こそが、スキゾフレニーなのである。そして、この私的な領土性と二つの家族的なコードからの逃走は、二つの家族的なコードから離脱するのみならず領土性からも離脱することであり、二つの家族的なコードから離脱し領土性から離脱することとしての脱コード化し脱領土化することなのであって、自身を徹頭徹尾解き放つことなのである。

これにより、二つの離接的総合の離接的総合、およびオイディプス・コンプレックスを基体とする私と社会野との相関が存在する構図に取って代わるのは、スキゾと二つの離接的総合の離接的総合とが存在する構図ということになる。このとき、複数の接続的総合の離接的総合でおこなわれる欲望的生産は、二つの離接的総合の離接的総合でおこなわれる社会的生産を脅かすという本書第二章での論述内容を考慮に入れるならば、来るべき欲望的生産であるスキゾフレニーは、二つの離接的総合の離接的総合でおこなわれる社会的生産を吹き飛ばそうとする革命的なものとして捉える必要がある。だからここで、スキゾにおけるスキゾフレニーが、二つの離接的総合の離接的総合でおこなわれる社会的生産を打破し打ち捨てようとする革命という運動が、生起するのだ。

別のいい方をしよう。これまでの議論では、延長システムは複数の延長システムの離接的総合によって乗り越えられることで、大地という社会機械は専制君主という社会機械によって乗り越えられ、複数の延長システムの離接的総合は二つの離接的総合の離接的総合によって乗り越えられることで、専制君主という社会機械は資本という社会機械によって乗り越えられた。こうした理論的コンテクストに立脚するならば、資本という社会機械もまた将来、ポスト資本主義によって乗り越えられることが強く要請される。

そのさい、複数の接続的総合の離接的総合でおこなわれる欲望的生産は、二つの離接的総合の離接的総合でおこなわれる社会的生産を転覆させようとするものとして、すでに本書第二章において規定されていた。それゆえに、前述の要請に応えるためには、将来、複数の接続的総合の離接的総合が姿を現して、この複数の接続的総合の離接的総合でおこなわれる欲望的生産が、資本という社会機械の上に登録されている〈労働力の流れと生産手段〉という接続的総合がおこなう社会的生産を打ち倒し廃棄し、ポスト資本主義への道を開こうとすることを想定しなければならない。このいまだ出現していないが、やがて来るべき複数の接続的総合の離接的総合が「スキゾ」と、この複数の接続的総合の離接的総合でおこなわれる来るべき欲望的生産が「スキゾフレニー」とそれぞれ名づけられるのだ。[▼2]

スキゾフレニーへの逃走としてのスキゾ分析

このように、オイディプス・コンプレックスを基体とする私と社会野との相関において、私的な領土性と二つの家族的なコードのもとにある私が将来、脱コード化し脱領土化することによって、スキゾへと変容することが想定される。ドゥルーズ＝ガタリが三角形化としての精神分析に対置させつつ、このような脱コード化と脱領土化に授ける名は、「スキゾ分析（schizo-analyse）」なのである。

したがって、私が脱コード化し脱領土化することは、こういい直すことができる。オイディプス・コンプレックスを基体とする私と社会野との相関において、私的な領土性と二つの家族的なコードのもとにある私が将来、スキゾ分析をおこなうというようにである。それにしても、このスキゾ分析とは、どのようなものなのか。いままでの議論と同様に、権利上要請される原理原則としてのスキゾ分析について以下に明らかにしてみたいと思う。

ドゥルーズ＝ガタリの考えでは、スキゾ分析には、「スキゾ分析の破壊的な課題（tâche destructive de la schizo-analyse）」と「スキゾ分析の機械技術的な課題（tâche mécanicienne de la schizo-analyse）」という二つのタイプがあり、まずなされるのは、スキゾ分析の破壊的な課題のほうである。そして、オイディプス・コンプレックスを基体とする私と社会野との相関において、私的な領土性と二つの家族的なコードのもとにある私が、スキゾ分析の破壊的な課題をおこなうことは、私が、父－母－私というオイディプス三角形の過去の姿とされるオイディプス・コンプレックスを破壊し、父－母－私というオイディプス三角形の構成要素である二つの家族的なコード（＝イメージとしての父とイメージとしての母）を破壊し、父－母－私というオイディプス三角形を作り上げたファルスという超越項を破壊することであるという（つまり、私が、欲望的生産という無意識にかわって形成されたオイディプス・コンプレックスとイメージとしての父とイメージとしての母とファルスという無意識を破壊することである）。だが、このようなスキゾ分析の破壊的な課題から、いったいどんな事態が帰結するのだろうか。

本書第二章で言及したように、ファルスがイメージとしての母と近親相姦することを禁じ、イメージとしての父の地位を占めることを禁じることで、禁じられた私が生まれてくるから、私は、ファルスと二つの家族的なコードを前提にして誕生するだけでなく、私の存在は、ファルスと二つの家族的なコードによってたしかに基礎づけられている。このことから、スキゾ分析の破壊的な課題によって二つの家族的なコードとファルスが打ち砕かれ消滅するので、私自身も失われ存在することができなくなると考えるほかはない。

このように私自身がなくなってしまうと、社会野もまた消失することになる。それというのも、私による認識内容であり私への現れである社会野は、私の存在にもとづいて存在しているので、その私の存在がなくなれば存在することがかなわなくなるのは、道理だからである。[3]

こうして最後に残るのは、私的な領土性、すなわち二つの家族的なコードを喪失した〈これか、あれか〉という離接の形式（＝〈イメージとしての父か、イメージとしての母か〉からイメージとしての父とイメージとしての母が取り除かれた〈これか、あれか〉という離接の形式）にすぎない。この〈これか、あれか〉という離接の形式は、もとの〈これであれ、あれであれ〉という離接の形式である器官なき身体へと回帰し、器官なき身体は、自身の上に侵入しようとする有機体に反発し反作用する（つまり、有機体化されることに抵抗し、みずからの存立を維持する）ものと考えることができる。

それゆえ、スキゾ分析の破壊的な課題をおこなうことはつまるところ、次のようなことなのである。オイディプス・コンプレックスを基体とする私と社会野との相関において、私的な領土性と二つの家族的なコードのもとにある私が、オイディプス・コンプレックスと二つの家族的なコードとファルスの破壊によって（二つの家族的なコードから離脱するという意味で）脱コード化することで、器官なき身体という新たな領土性に変容すること、これである。

こうしたスキゾ分析の破壊的な課題に引き続いておこなわれるのはほかでもない、スキゾ分析の機械技術的な課題である。ドゥルーズ＝ガタリにしたがうと、自身の上に侵入しようとする有機体に反発し反作用した器官なき身体が、スキゾ分析の機械技術的な課題をおこなうことは、器官なき身体が諸々の欲望機械（つまり欲望的生産という無意識）を見出すこと、別様に表現すれば器官なき身体が複数の接続的総合を自身の上に登録することである。このようなスキゾ分析の機械技術的な課題によって、複数の接続的総合の離接的総合が形成されることは、本書第一章での考察から疑う余地はなく、この来るべき複数の接続的総合の離接的総合がスキゾとされるのは、先述したとおりである。だから、スキゾが到来するのだ。

以上により、スキゾ分析の機械技術的な課題をおこなうことは、自身の上に侵入しようとする有機体に反発し反作用した器官なき身体という領土性が、自身の上への複数の接続的総合の登録によって（器官なき身体という領土性から離脱するという意味で）脱領土化することで、スキゾへと変身し変貌を遂げることとして理解することができる。要は、器官なき身体はスキゾへと突破し、コードからも領土性からも全面的に解放されるのである。▼4

スキゾ分析によって生み出されるスキゾという存在

スキゾ分析の破壊的な課題と機械技術的な課題をとおして、スキゾが出現し到来することで、スキゾと二つの離接的総合の離接的総合とが存在する構図が、立ち上がり成立する。この新たな構図を明瞭に把握することを可能にしてくれるのは、このようにして到来するスキゾが、どのようなあり方を呈するのかについて子細に検討する作業である。

本書第一章で論じたことを想起すれば、乳児は複数の接続的総合の離接的総合として捉えられ、この複数の接続的総合の離接的総合における複数の接続的総合の例として示されるのは、次のものである。すなわち、〈肛門という欲望機械と腸という欲望機械と胃という欲望機械と口という欲望機械と乳房という欲望機械〉、〈眼という欲望機械と顔という欲望機械〉、〈耳という欲望機械とステレオという欲望機械〉……である。

そのとき、〈肛門という欲望機械と腸という欲望機械と胃という欲望機械と口という欲望機械と乳房という欲望機械〉という接続的総合は、〈肛門という欲望機械と腸という欲望機械と胃という欲望機械と口という欲望機械〉という人間と、乳房という欲望機械という（人間の）外部との接続として理解することが可能である。これと同じように考えると、〈眼という欲望機械と顔という欲望機械〉という接続的総合は、眼という欲望機械という人間と、顔という欲望機械という（人間の）外部との接続であり、〈耳という欲望機械とステレオという欲望機械〉という接続的総合は、耳という欲望機械という人間と、ステレオという欲望機械という〈人間の〉外部との接続であるとみなされる。

このことから、一般に接続的総合というのは、人間と、その外部という意味での自然との接続としての「自然人（Homo natura）」として捉えることができる。そして、この自然人において、人間と自然とは、相互に対立し截然と区別された二項ではなく、接続し一体をなしている。さらに、いま焦点化しているスキゾにおける接続的総合についても、これとパラレルに考えることができることから、一般的にいって、スキゾにおける接続的総合もまた、自然人として把握されることになる。

本書第一章で見た複数の接続的総合の離接的総合において、生産の生産（＝欲望的生産）から登録の生産を経由して消費の生産へといたる一連のプロセスが、繰り返しおこなわれる。スキゾは複数の接続的総合の離接的総合であるがゆえに、こうした生産の生産から登録の生産を経由して消費の生産へといたる一連のプロセスが、スキゾにおいても繰り返しおこなわれるはずである。

そのさい、生産の生産であるスキゾフレニーは、二つの離接的総合の離接的総合でおこなわれる社会的生産を吹き飛ばし転覆させようとする革命的なものであることは、すでに触れたとおりである。また、スキゾにおける生産の生産と登録の生産が、第一章で明らかにした生産の生産と登録の生産と同じものであると考えられるのに対して、スキゾがもつ際立った特徴は、スキゾにおける消費の生産のなかに見出すことができる。スキゾを父－母－私というオイディプス三角形と対置することを手がかりとして、この特徴を以下に浮き彫りにしてみたい。

父－母－私というオイディプス三角形の場合、「父」という呼称は、イメージとしての父というイメージとしての包括的人物を指示し、「母」という呼称は、イメージとしての母というイメージとしての包括的人物を指示するのは、ことさらに指摘するまでもないことだろう。このイメージとしての包括的人物は先述したように、多数のイメージとしての器官を全体化した個体的な全体であり、多数のイメージとしての器官を統一した個体的な統一性であるため、親の呼称が指し示すのは、そうしたイメージとしての個体的な全体（＝イメージとしての有機体）であり、イメージとしての個体的な統一性（＝イメージとしての有機体）にほかならない。

その一方で、これまでの論述から了解されるように、スキゾにおいては、イメージとしての包括的人物にかわって存在するのは、欲望機械（＝器官）によって消費された流れ、すなわち残余または残滓－切断である。それゆえに、ドゥルーズ＝ガタリの考えによれば、もはや「父」や「母」といった親の呼称ではなく、「ジャンヌ・ダルク」や「ヘリオガバルス」といった歴史上の名前が、こうした残余または残滓－切断を指示するという。これまでの議論にしたがって、どういうことかを説明しよう。

第一の欲望機械が流れを採取－切断し、採取－切断された流れを消費することで、消費された流れ、すなわち残余または残滓－切断が、消費した第一の欲望機械のもとに残るとする。その場合、〈だから、これ（＝残余または残滓－切断）は私である〉としての連接的総合によって、主体が生まれる。この残余または残滓－切断を、たとえば「ジャンヌ・ダルク」という歴史上の名前が指示するとすれば、その連接的総合は、〈だから、（残余または残滓－切断を指示する）ジャンヌ・ダルク（という歴史上の名前）は私である〉と捉え直すことができる。

そしてその後に続いて起こるのは、流れを消費した第一の欲望機械が、その消費された流れを生産し、その欲望機械に接続された第二の欲望機械が、その流れを採取－切断し、採取－切断された流れを消費することである。ここで、この消費された流れ、すなわち残余または残滓－切断が、たとえば「ヘリオガバルス」という歴史上の名前によって指し示されるとしよう。そのケースでは、〈だから、これ（＝残余または残滓－切断）は私である〉としての連接的総合によって主体が生まれ、その連接的総合は、〈だから、（残余または残滓－切断を指示する）〈ヘリオガバルス（という歴史上の名前）は私である〉と捉え返されることになる。

さらに、第二の欲望機械が、消費された流れを生産し、その欲望機械に接続された第三の欲望機械が、その流れを採取－切断し、採取－切断された流れを消費するという形で続いていく。そのため、この切れ目なく継続していく一続きの運動をシンプルに要約するのは、〈だから、ジャンヌ・ダルクは私である。だから、ヘリオガバルスは私である。……〉という連接的総合なのである。要するに、「〈歴史上のすべての名前、それは私である〉（tous les noms de l'histoire, c'est moi）」ということなのだ。このような連接的総合は主体の生まれ変わりという事態を表していることは、本書第一章の論述と共通であるので、この連接的総合は、〈私はジャンヌ・ダルクになる。私（＝ジャンヌ・ダルク）はヘリオガバルスになる。……〉としても理解することができる（それゆえ、私（＝〈……と第三の欲望機械と第二の欲望機械と第一の欲望機械と……〉という接続的総合）は、〈私はジャンヌ・ダルクになる。私はヘリオガバルスになる。……〉を感じる（＝消費する））。

以上の考察は、スキゾにおける連接的総合に関して一般化することを可能にする。スキゾにおける連接的総合は、〈だから、これ（＝残余または残滓－切断）は私である〉であり、これは〈だから、（残余または残滓－切断を指示する）歴史上の名前は私である〉として把握し直される。この〈だから、歴史上の名前は私である〉を、〈だから、歴史上の名前という意味での歴史は、私という意味での人間である〉としての「歴史人（Homo historia）」と読み替えるならば、スキゾにおける連接的総合は、こうした歴史人とみなすことができる（それゆえ一般に、私（＝接続的総合＝自然人）は、〈私はある歴史上の名前になる。私は別の歴史上の名前になる。……〉（＝〈歴史人は生成する〉）を感じる（＝消費する））。

したがって、スキゾは自然人としての接続的総合によって構成され、その自然人には歴史人としての連接的総合が成立する。こうした自然人と歴史人が内在するスキゾという特異な存在は、ドゥルーズ＝ガタリによると、次に列挙する、狂気と創造とが深く結びついた歴史上の人物のなかに典型的に見てとることができるという。統合失調症を発病し狂気の状態にありながらも、卓越した詩作をおこなうヘルダーリン（Johann Christian Friedrich Hölderlin, 1770-1843）、自身の異様な狂気の体験を書きとめ、『ある神経病者の手記』（一九〇三年）として出版するシュレーバー（Daniel Paul Schreber, 1842-1911）、馬の首にしがみつき発狂し、「十字架にかけられし者」ないしは「ディオニュソス」と署名した狂気の手紙を友人たちに書き送るニーチェ、狂気の発作を起こし精神病院に収容されてもなお、『ヴァン・ゴッホ――社会による自殺者』（一九四七年）、『神の裁きと訣別するため』（一九四八年）を発表するアルトー（Antonin Artaud, 1896-1948）である。▼5

とはいえ、理論上は以下のように考えなければならないし考えるほかはない。第一章で説明した複数の接続的総合の離接的総合として捉えられるものは、乳児であることとは、何度も繰り返し言及したとおりである。それに対して、複数の接続的総合の離接的総合であるスキゾは、将来においてスキゾ分析の破壊的な課題と機械技術的な課題をとおして到来することが想定される来るべき存在である。この理由から、スキゾとして捉えられるものが何であるかは、定かではないのである。このことは、けっして理論上の欠陥などではなく、それにはポジティブな意味があるが、その意味については本章の最後で明らかにしたいと思う。

本章のいままでの論述から、スキゾフレニーへの逃走についての理論として、スキゾ分析の破壊的な課題と機械技術的な課題による、オイディプス・コンプレックスを基体とする私と社会野との相関から、スキゾへの逃走プロセス、およびその逃走プロセスの結果であるスキゾを提示する理論が形作られる。この新たな理論に対する名称には、「スキゾ分析理論」がふさわしいだろう。なぜならば、その理論がシャープに対立するのは、精神分析理論であると確認することができ、精神分析にはスキゾ分析が対立するからである。その新たな理論は、複数の接続的総合の離接的総合から、オイディプス・コンプレックスを基体とする私と社会野との相関への変容プロセス、およびその変容プロセスの結果であるオイディプス・コンプレックスを基体とする私と社会野との相関を提示する理論としての精神分析理論と好対照をなすからこそ、「スキゾ分析理論」と名づけられるべきである。そして、本書第二章で乳児論的唯物論と対比されることで批判的に捉えられた精神分析理論は、今度はスキゾ分析理論に対置されることで批判的に捉えられるのだ。

2　スキゾ分析理論を要約するスキゾ分析の四つの命題

スキゾ分析の第一命題

ドゥルーズ＝ガタリは『アンチ・オイディプス』の第四章において、スキゾ分析理論を構築した上で、最後にそのスキゾ分析理論をスキゾ分析の四つの命題としてまとめ要約する。そのさい、スキゾ分析の破壊的な課題を「スキゾ分析の否定的な課題（tâche négative de la schizo-analyse）」とし、スキゾ分析の機械技術的な課題を「スキゾ分析の第一の肯定的な課題（première tâche positive de la schizo-analyse）」とする一方で、「スキゾ分析の第二の肯定的な課題（seconde tâche positive de la schizo-analyse）」として位置づけられるのが、そのスキゾ分析の四つの命題なのである。だから、ドゥルーズ＝ガタリの議論をパラフレーズしつつ、スキゾ分析理論を組み立て直すという本章の第一の任務を受け継ぐ第二の任務は、やはりドゥルーズ＝ガタリの考えに準拠しながら、スキゾ分析理論を要約するスキゾ分析の第二の肯定的な課題を一つずつ丁寧に解き明かしていくことである。

すでに言及したように、脱コード化し脱領土化した労働者の流れと脱コード化し脱領土化した貨幣の流れとの連接としての公理系が形作られることを契機として、二つの離接的総合の離接的総合と複数の接続的総合の離接的総合とが存在する構図が成立する。このことは、公理系をもとにして構成された二つの離接的総合の離接的総合でおこなわれる社会的生産に、複数の接続的総合の離接的総合でおこなわれる欲望（＝欲望的生産）が接続することによって、〈社会的生産と欲望〉という接続的総合（＝二つの離接的総合の離接的総合と複数の接続的総合の離接的総合とが存在する構図）が成立するというように考え直すことも可能であろう。この接続という動きのことを「備給（investissement）」と呼ぶとすれば、ここでは、欲望が社会的生産に備給するのである。

こうした備給をへて立ち上がった〈社会的生産と欲望〉という接続的総合において、二つの離接的総合の離接的総合でおこなわれる社会的生産が、複数の接続的総合の離接的総合でおこなわれる欲望を抑制することで、複数の接続的総合の離接的総合は父－母－私というオイディプス三角形として作り替えられることとは、本書第二章で克明に論じた。これは、備給という観点から以下のように理解することができるのではないだろうか。二つの離接的総合の離接的総合でおこなわれる社会的生産が、複数の接続的総合の離接的総合でおこなわれる欲望を「脱備給（desinvestissement）」し（＝自身から切り離し）、さらに、二つの離接的総合の離接的総合でおこなわれる社会的生産に、父－母－私というオイディプス三角形としての家族が備給するというようにである。それゆえ、ここに生起するのは、家族が社会的生産に備給することである。

この備給によって姿を現した〈社会的生産と家族（＝父－母－私というオイディプス三角形）〉という接続的総合をもとにして、〈社会的生産と、社会野（＝認識内容）と父－母－私というオイディプス三角形として相関した家族〉という接続的総合（＝二つの離接的総合の離接的総合、およびオイディプス・コンプレックスを基体とする私と社会野との相関が存在する構図）が形作られるのは、右と同様に本書第二章での論述のとおりである（以下、「〈社会的生産と、社会野と相関した家族〉という接続的総合」を、「〈社会的生産と家族－社会野〉という接続的総合」と表記する）。そのとき、前章で触れたように、社会野と相関した家族（＝オイディプス・コンプレックスを基体とする私と社会野との相関）をベースにして、自己意識が成立することになる。

どういうことかをもう一度振り返っておくと、〈社会的生産と家族－社会野〉という接続的総合のもとで、家族の一項である私に与えられた利害（＝未分化の前意識）が、いくつかの部分に分節化され隔離されることで、相互に区別された諸々の心像としての人物と心像としての私（＝社会野）が構成される。そして、これをもとにして、〈社会野（＝相互に区別された諸々の心像としての人物と心像としての私）は階級（＝諸々の心像としての人物と心像としての私を全体化し統一した全体・統一性）である〉を私は意識しているという階級意識が、生まれる。これは、私は〈私（＝心像としての私）は階級に属している〉を意識しているという自己意識（＝階級帰属意識）の形をとって現象するのであった。

このような自己意識の形成過程を備給として捉え返そうとするならば、どうなるだろうか。〈社会的生産と家族－社会野〉という接続的総合のもとで、二つの離接的総合の離接的総合でおこなわれる社会的生産に、利害が備給することで、〈利害と社会的生産と家族－社会野〉という接続的総合が、新たに形作られる。そうすると、利害と社会的生産のあいだに上部構造と下部構造の関係が立ち上がり、社会的生産が下部構造として利害という上部構造を規定することになる。さらに、こうして規定された利害が、社会野へと分節化され、社会野から〈社会野は階級である〉という意識内容が構成され、それは〈私は階級に属している〉という意識内容として現象し、意識内容における階級が立ち現れるにいたる。

だから、ここに形成されるのは、〈（意識内容における）階級と社会的生産と家族－社会野〉という接続的総合にほかならない。そして、この接続的総合において、家族の一項である私は〈私は階級に属している〉を意識しているという自己意識が、成立するものと考えられる。

このことが意味するのは、意識の主体である私が、意識内容を規定するとする常識的なものの見方に反して、意識内容を規定するのは、意識の主体である私などではないということである。そうではなくて、二つの離接的総合の離接的総合でおこなわれる社会的生産のほうが、換言すれば社会的生産をおこなう〈労働力の流れと生産手段〉という接続的総合がもつ物質的な生産力のほうが、利害の規定をとおして意識内容を規定するということである。こうした意味が引き出されるのは、利害が社会的生産に備給するからこそである。

こうして構成された〈階級と社会的生産と家族－社会野〉という接続的総合では、何が起こるのか。これまでの論述にもとづくならば、社会野（＝諸々の感覚像）における個々の感覚像が、父－母－私というオイディプス三角形におけるイメージとしての父あるいはイメージとしての母あるいは私に一対一に対応することによって、社会野は父－母－私というオイディプス三角形へと適用される。だがそればかりでなく、利害の分節化によって現前した社会野（＝諸々の心像としての人物と心像としての私）における個々の心像も、父－母－私というオイディプス三角形におけるイメージとしての父あるいはイメージとしての母あるいは私に一対一に対応することで、社会野は父－母－私というオイディプス三角形へと適用される。こうして、一般に、社会野というのは父－母－私というオイディプス三角形として解釈され、父－母－私というオイディプス三角形が社会野の意味となる。

この社会野から父－母－私というオイディプス三角形への適用は、その見方を変えれば、父－母－私というオイディプス三角形としての家族のほうが、社会野の意味として社会野に備給することとして把握し直すことが可能である。それゆえに、家族が社会野に備給することが起こるのだ。

さらに、将来、スキゾ分析の否定的な課題と第一の肯定的な課題により、〈階級と社会的生産と家族－

にしよう。

されることに関しては、すぐ前で見た。この造形の仕方についても、備給という見地から考えてみること

社会野〉という接続的総合にかわって、スキゾと二つの離接的総合の離接的総合とが存在する構図が造形されることに関しては、すぐ前で見た。この造形の仕方についても、備給という見地から考えてみることにしよう。

〈階級と社会的生産と家族 - 社会野〉という接続的総合において、二つの離接的総合の離接的総合でおこなわれる社会的生産が、階級を脱備給し、家族 - 社会野（= 社会野と相関した父 - 母 - 私というオイディプス三角形）を脱備給する。さらに、この脱備給の結果として残った二つの離接的総合の離接的総合でおこなわれる社会的生産に、スキゾでおこなわれる欲望（= 欲望的生産 = スキゾフレニー）が備給することによって、〈欲望と社会的生産〉という接続的総合（= スキゾと二つの離接的総合の離接的総合とが存在する構図）が、造形されるとすることができる。したがって、〈社会的生産と欲望〉という接続的総合が造形されるケースと同様に、このケースでも、欲望が社会的生産に備給するわけである。[6]

以上に繰り広げた議論において主旋律をなしているのは、次の一連の諸備給にほかならない。欲望は社会的生産に備給し、家族は社会的生産に備給し、利害は社会的生産に備給し、家族は社会野に備給し、欲望は社会的生産を備給（= 逆備給）する、これがその主旋律である。[7] ここから明らかなことは、欲望による社会的生産に対する備給にしろ、家族による社会的生産に対する備給にしろ、利害による社会的生産に対する備給にしろ、家族による社会野に対する備給にしろ、欲望による社会的生産に対する備給（= 逆備給）にしろ、どの備給も、社会的生産ないしは社会野を対象とする備給としての社会的備給であるということだ。それゆえに、この「どの備給も社会的備給である」が、「スキゾ分析の第一命題（première thèse de la schizo-analyse）」となる。

スキゾ分析の第二命題

こうしたスキゾ分析の第一命題に準拠するとき、諸々の社会的備給（すなわち、欲望による社会的生産に対する備給、家族による社会的生産に対する備給、利害による社会的生産に対する備給、家族による社会野に対する備給、欲望による社会的生産に対する備給（＝逆備給））において、二つの類型をはっきりと区別することができる。その一つは、（欲望による社会的生産に対する備給と欲望による社会的生産に対する備給（＝逆備給）とを包括している）欲望による社会的生産に対する備給という類型であり、利害による社会的生産に対する備給という類型が、いま一つである。

欲望による社会的生産に対する備給という類型における欲望は、無意識として把握される一方で、利害による社会的生産に対する備給という類型における利害は、前意識にほかならない。また、欲望をおこなう複数の接続的総合のおのおのは「集団」と呼ばれるのに対して、利害から〈私は階級に属している〉という意識内容が立ち上がり、意識内容において階級が現れることについては、前章の最後で論じたことと共通である。

このような諸々の点を念頭に置くならば、欲望による社会的生産に対する備給という類型は、集団または欲望による社会的生産に対する無意識的備給という類型であり、利害による社会的生産に対する備給という類型は、階級または利害による社会的生産に対する前意識的備給という類型であるといい換えることができそうである。こうした検討からただちに提起されるのが、「スキゾ分析の第二命題（seconde thèse de la schizo-analyse）」であり、それは、「諸々の社会的備給において、集団または欲望による社会的生産に対する無意識的備給という類型と、階級または利害による社会的生産に対する前意識的備給という類型とを区別すること」だ。

このスキゾ分析の第二命題への理解を深めるためには、階級または利害による社会的生産に対する前意識的備給という類型をめぐって考察してみなければならない。先に論じたように、〈社会的生産と家族－社会野〉という接続的総合において、二つの離接的総合の離接的総合でおこなわれる社会的生産に備給した利害は、分節化され隔離されることで、〈私は階級に属している〉という意識内容として現実化される。そのさい、社会的生産に備給した利害を規定するのは、下部構造である社会的生産であり、社会的生産をおこなう〈労働力の流れと生産手段〉という接続的総合がもつ生産力であった。

このように、〈労働力の流れと生産手段〉という接続的総合がもつ生産力によって規定された利害から直接に意識内容が生じるのだから、意識内容は、〈労働力の流れと生産手段〉という接続的総合がもつ生産力によって規定されるものとすることができる。したがって、この生産力がどの程度にあるかによって、二通りの意識内容が考えられる。〈私は支配階級に属している〉という意識内容と、〈私は被支配階級に属している〉という意識内容とが、それらである。▼8

〈私は支配階級に属している〉という意識内容が現前するケースでは、私は〈私は支配階級に属している〉を意識しているという自己意識が成立するのは、いままでの議論から明らかである。ドゥルーズ＝ガタリは、こうした意識内容を生み出す利害による社会的生産に対する備給を「反動的（réactionnaire）」と形容する。それというのも、社会的生産が規定した利害が、意識内容として現実化され、その意識内容に支配階級が現れているので、社会的生産が支配階級を生み出したといえ、支配階級は、支配的な立場にあり権力をもった自身を生み出した社会的生産を維持しようとするからである。

他方で、〈私は被支配階級に属している〉という意識内容が現前する場合に成立するのは、私は〈私は被支配階級に属している〉を意識しているという自己意識であると考えられる。ここでの被支配階級は、前章の終わりで述べたとおりプロレタリア階級とされ、従属的な立場にあり無力でみじめな自分を生み出した社会的生産を打倒しようとし、その意味で革命的なものである。このため、〈私は被支配階級に属している〉という意識内容を出現させる利害による社会的生産に対する備給は、革命的として特徴づけられる。
それゆえに、集団または欲望による社会的生産に対する無意識的備給という類型と、階級または利害による社会的生産に対する前意識的備給という類型とを区別するというスキゾ分析の第二命題にもとづいて、階級または利害による社会的生産に対する前意識的備給という類型を焦点化するならば、このようにいうことができよう。階級または利害による社会的生産に対する前意識的備給という類型のなかには、階級または利害による社会的生産に対する反動的な前意識的備給と、階級または利害による社会的生産に対する革命的な前意識的備給とが、含まれ包括されているのである。

スキゾ分析の第三命題

スキゾ分析の第二命題を引き継ぐ「スキゾ分析の第三命題（troisième thèse de la schizo-analyse）」が何であるかを明示するには、スキゾ分析の第一命題を導出するのに寄与した先述の議論を思い出す必要がある。公理系から形作られた二つの離接的総合の離接的総合でおこなわれる社会的生産に、複数の接続的総合の離接的総合でおこなわれる欲望が備給し、〈社会的生産と欲望〉という接続的総合が立ち上がる。この接続的総合のもとで生起するのが、二つの離接的総合の離接的総合でおこなわれる社会的生産が、複数の接続的総合の離接的総合でおこなわれる欲望を脱備給し、さらに二つの離接的総合の離接的総合でおこなわれる社会的生産に、父‐母‐私というオイディプス三角形としての家族が備給することである。こうした家族による社会的生産に対する備給を経由して成立するのはほかでもない、〈階級と社会的生産と家族‐社会野〉という接続的総合なのである。

このような接続的総合のもとで、家族と相関した社会野におけるおのおのの感覚像が、父‐母‐私というオイディプス三角形におけるイメージとしての父あるいはイメージとしての母あるいは私に一対一に対応することで、社会野は父－母－私というオイディプス三角形へと適用される。また、利害から構成された社会野における個々の心像が、父－母－私というオイディプス三角形におけるイメージとしての父あるいはイメージとしての母あるいは私に一対一に対応することで、社会野は父－母－私というオイディプス三角形へと適用される。こうした適用は、社会野に、父－母－私というオイディプス三角形としての家族が、その社会野の意味として備給することとして捉え直されるのであった。

右の叙述から帰結することは、家族による社会的生産に対する備給と、家族による社会野に対する備給という諸々の家族的備給は、欲望による社会的生産に対する備給を前提にしているということである。そのため、「欲望による社会的生産に対する備給は、諸々の家族的備給に先立つ」、これをスキゾ分析の第三命題として定立することができる。

スキゾ分析の第四命題

「スキゾ分析の第四命題（quatrième thèse de la schizo-analyse）」は、集団または欲望による社会的生産に対する無意識的備給という類型に関連するものである。スキゾ分析の第二命題をよりどころとして示されたのは、階級または利害による社会的生産に対する前意識的備給という類型のなかには、階級または利害による社会的生産に対する反動的な前意識的備給と、階級または利害による社会的生産に対する革命的な前意識的備給とが、含まれ包括されているという点であった。こうしたこととパラレルに、集団または欲望による社会的生産に対する無意識的備給という類型のなかにも、二つの備給が含まれ包括されていると考えることができる。このことについての説明を以下に試みることにしよう。

公理系に準拠して形成された二つの離接的総合の離接的総合でおこなわれる社会的生産に、複数の接続的総合の離接的総合でおこなわれる欲望が備給することが、〈社会的生産と欲望〉という接続的総合の造形を引き起こすことは先に触れた。この接続的総合においては、複数の接続的総合の離接的総合でおこなわれる欲望が革命的なものとして、二つの離接的総合の離接的総合でおこなわれる社会的生産を脅かし打倒しようとするのに対して、二つの離接的総合の離接的総合でおこなわれる社会的生産は、複数の接続的総合の離接的総合でおこなわれる欲望を抑制するのであり、そのような意味で社会的生産は欲望を自分に従属させる。つまり、ここでの社会的生産は、パラノイア的（＝反発的＝反撃的）に抑制する（パラノイア＝反発＝反撃＝抑制）という機能を備えたものという意味でパラノイア的であり、革命的な欲望を抑制する反動的で「ファシズム的（fascisant）」なものなのである。こうした理由から、このときの欲望による社会的生産に対する備給は、パラノイア的、反動的、ファシズム的であるとすることができる。

前に言及したように、スキゾ分析の否定的な課題と第一の肯定的な課題は、〈階級と社会的生産と家族－社会野〉という接続的総合のもとで、二つの離接的総合の離接的総合でおこなわれる社会的生産が、階級と家族－社会野を脱備給し、このように脱備給した社会的生産の離接的総合に、スキゾでおこなわれる欲望が備給（＝逆備給）することとして捉えられる。この欲望による社会的生産に対する備給に成立した〈欲望と社会的生産〉という接続的総合において、スキゾでおこなわれる欲望は、二つの離接的総合の離接的総合でおこなわれる社会的生産を吹き飛ばし打ち倒そうとするのであり、その意味において欲望は社会的生産でおこなわれる欲望を自分に従属させようとする。要は、ここで問題となっている欲望は、「スキゾフレニー」と呼ばれ、まぎれもなく、社会的生産に対するパラノイア的反動的ファシズム的な備給を転覆させようとする革命的なものなのである。したがって、この場合の欲望による社会的生産に対するパラノイア的反動的ファシズム的な備給を「スキゾフレニー的（schizoïde）」、革命的であるとし、欲望による社会的生産に対する無意識的備給という類型には、集団また社会的生産を転覆させようとする革命的なスキゾフレニー的な備給の対極として位置づけなければならない。

こうして明らかになるのは、集団または欲望による社会的生産に対するパラノイア的反動的ファシズムの無意識的備給と、集団または欲望による社会的生産に対する革命的なスキゾフレニー的な無意識的備給というは欲望による社会的生産に対するスキゾフレニー的革命的な無意識的備給とが、含まれ包括されているという事態にほかならない。だから、スキゾ分析の第四命題となるのは、「集団または欲望による社会的生産に対する無意識的備給という類型において、パラノイア的反動的ファシズム的な備給と、スキゾフレニー的革命的な備給という二つの極を区別すること」なのだ。

そして、このスキゾ分析の最後の命題であるスキゾ分析の第四命題にしたがって、「隷属集団（groupe assujetti）」と「主体集団（groupe-sujet）」という二つの集団が、峻別されることになる。まず、隷属集団から見ていくことにしよう。

集団または欲望による社会的生産に対するパラノイア的反動的ファシズム的な無意識的備給の結果として立ち上がる〈社会的生産と欲望〉という接続的総合のもとで、二つの離接的総合の離接的総合でおこなわれる社会的生産は、複数の接続的総合の離接的総合でおこなわれる欲望を抑制し、自身に従属させる。〈社会的生産と欲望〉という接続的総合は、こうした抑制と従属を端緒とする三つの総合の不当な使用と五つの精神分析の誤謬推理をとおして、〈社会的生産と家族－社会野〉という接続的総合に席を譲る。さらに、その接続的総合は、階級または利害による社会的生産に対する反動的な前意識的備給、もしくは階級または利害による社会的生産に対する革命的な前意識的備給を介して、〈階級と社会的生産と家族－社会野〉という接続的総合に置換されていく。以上の一続きのプロセスに関しては、すでに論じたことから自明であろう。

このようなプロセスによって現れた〈私は階級に属している〉という意識内容における階級は、相互に区別された諸々の心像としての人物と心像としての私を全体化し統一した全体・統一性であり、そうした心像としての全体・統一性であり、（全体・統一性という意味での）モル的なものであって、（支配階級であろうと被支配階級であろうと）隷属集団としてのポジションを与えることができる。なぜならば、階級が形作られるのは、複数の接続的総合の離接的総合でおこなわれる欲望が、二つの離接的総合の離接的総合でおこなわれる社会的生産に従属し隷属することを、そもそもの出発点としているからである。

こうした隷属集団と顕著なコントラストをなすものが、主体集団である。〈階級と社会的生産と家族－社会野〉という接続的総合は、集団または欲望による社会的生産に対するスキゾフレニー的革命的な無意識的備給を介して、〈欲望と社会的生産〉という接続的総合に取って代わられる。この〈欲望と社会的生産〉という接続的総合では、スキゾ（＝複数の接続的総合の離接的総合）でおこなわれる欲望が、二つの離接的総合の離接的総合でおこなわれる社会的生産を打倒し自身に従属させようとすることは、前述したとおりである。この欲望をおこなう複数の接続的総合はおのおの、接続し結びついている複数の欲望機械であり、〈多様性という意味での〉分子的なものであって、主体集団であるとされる。そのわけは、複数の接続的総合がおこなう欲望は、社会的生産を自身に従属させ隷属させようとする主体だからである。

そして、右のスキゾ分析の第四命題にまつわる論述から読みとることができるのは、次のような移行である。それは、集団または欲望による社会的生産に対するパラノイア的反動的ファシズム的な無意識的備給に依拠した、階級または利害による社会的生産に対する反動的な前意識的備給ないしは階級または利害による社会的生産に対する革命的な前意識的備給から、集団または欲望による社会的生産に対するスキゾフレニー的革命的な無意識的備給への移行である▼[9]。この移行はまた、隷属集団から主体集団への移行として捉え返すことが可能でもある。

スキゾ分析の四つの命題として要約されるスキゾ分析理論

以上の考察により、スキゾ分析の四つの命題が出揃ったので、それらの命題を整理しまとめてみることにしよう。①スキゾ分析の第一命題：どの備給も社会的備給である、②スキゾ分析の第二命題：諸々の社会的備給において、集団または欲望による社会的生産に対する無意識的備給という類型と、階級または利害による社会的生産に対する前意識的備給という類型とを区別すること、③スキゾ分析の第三命題：（集団または）欲望による社会的生産に対する（パラノイア的反動的ファシズム的な無意識的）備給は、諸々の家族的備給に先立つ、④スキゾ分析の第四命題：集団または欲望による社会的生産に対する無意識的備給という類型において、パラノイア的反動的ファシズム的な備給と、スキゾフレニー的革命的な備給という二つの極を区別すること、である。

これらの命題からとりわけ際立つ点は、集団または欲望による社会的生産に対する無意識的備給という類型における、（反動的にしろ革命的にしろ、階級または利害による社会的生産に対する前意識的備給を引き起こす）パラノイア的反動的ファシズム的な備給に対するスキゾフレニー的革命的な備給の優位性である。つまり、スキゾ分析をめぐる諸命題を定立するにあたり備給という視座が採用されるのは、スキゾ分析をめぐる諸命題の結論として、集団または欲望による社会的生産に対するスキゾフレニー的革命的な無意識的備給を導き出すためなのだと考えられる。そして、集団または欲望による社会的生産に対するスキゾフレニー的革命的な無意識的備給を結論とするスキゾ分析の四つの命題が、スキゾ分析の第二の肯定的な課題とされる。

このスキゾ分析の第二の肯定的な課題は、先に再構築し組み立て直したスキゾ分析理論の要約として理解することができるのは、これまでの論述からいうまでもないことと思う。そのとき、右に見たとおり、集団または欲望による社会的生産に対するスキゾフレニー的革命的な無意識的備給によって到来するスキゾでおこなわれる欲望は、二つの離接的総合の離接的総合でおこなわれる社会的生産を打倒し廃棄しようとするのであり、そのように打倒し廃棄しようとするのは、来るべき未来においてである。こうした点にもとづくと、スキゾ分析理論には、未来への革命理論としてのポジションが与えられそうである。

それにしても、未来への革命理論としてのスキゾ分析理論は、いったい何を意味するのだろうか。スキゾ分析理論をシンプルでコンパクトに要約するスキゾ分析の第二の肯定的な課題を解き明かすという本章の第二の任務によって、スキゾ分析理論を未来への革命理論として規定したいま、本章に残された最後の第三の任務は、この未来への革命理論としてのスキゾ分析理論がもつ理論的な意味について検討することである。

すでにおこなわれた考察にしたがえば、スキゾ分析理論において、階級と家族‐社会野は、スキゾでおこなわれる欲望に置き換えられるわけだが、その置き換えは未来に生起し、欲望がおこなわれるスキゾは、将来において到来することが想定される来るべき存在である。したがって、何がスキゾとして捉えられるかについては、明らかではないことになる。そして、スキゾでおこなわれる欲望は、二つの離接的総合の離接的総合でおこなわれる社会的生産を吹き飛ばし打ち捨てようとする。ここから直接に引き出されてくるスキゾ分析理論の意味は、以下のようになるはずである。

前章で再構築した社会論的唯物論において提示される通時的なプロセス、詳しくいえば延長システムから出発し、複数の延長システムの離接的総合、複数の脱コード化した流れの離接的総合を経由して二つの離接的総合の離接的総合へといたる通時的なプロセスは、けっして終結し完成しないということである。要は、資本を社会機械とした二つの離接的総合の離接的総合は、通時的なプロセスとしての歴史の終着点などではなく、未来において、二つの離接的総合の離接的総合でおこなわれる社会的生産を転覆させようとする革命という運動へと通じている。別の表現にかえれば、通時的なプロセスとしての歴史は、二つの離接的総合の離接的総合によって閉じられてしまうことなく、どこにもない新しい社会の到来への通路である革命という運動に直結しており、その意味で未完なのである。

それゆえに、未来において、通時的なプロセスとしての歴史は新たに進展し、未知の何ものかが到来する可能性を秘めていること、これこそが、スキゾ分析理論が意味するところなのである。そして、このように通時的なプロセスとしての歴史が新たに進展する可能性を秘めていることは、社会論的唯物論が完結することなく、未知の何ものかに開かれていることであるため、本章でのスキゾ分析理論の再構築の作業は、社会論的唯物論を未来へと開かれた理論へと作り替え更新することなのだ。

第四章　註

▼1　〈労働力の流れと労働者〉という接続的総合と〈貨幣の流れと生産手段〉という接続的総合の離接的総合と、〈労働力の流れと技術機械〉という接続的総合と〈貨幣の流れと生産手段〉という接続的総合の離接的総合への資本の供給とがパラレルに、前章の最後で言及した低開発の〈労働力の流れと労働者〉という接続的総合と〈貨幣の流れと生産手段〉という接続的総合の離接的総合という周辺と、先進の二つの離接的総合という中心とのあいだにも、資本の供給が生じるものと考えられる。つまり、低開発の〈労働力の流れと労働者〉という接続的総合と〈貨幣の流れと生産手段〉という接続的総合の離接的総合という周辺における貨幣の流れから、その一部が、先進の二つの離接的総合と、中心における貨幣の流れがもつ資本へと供給されるわけだ。したがって、周辺における資本と、中心における資本の流れと労働者という接続的総合に供給された資本と、前者に由来する資本との接続としての縁組によって接続されることになる。前者から後者に供給された資本を介して、また後者と、前者に由来する資本との接続としての

▼2　ドゥルーズ＝ガタリはスキゾフレニーを「過程（processus）」（＝過程）ないしは過程（＝社会的生産）の目標（＝新しい領土性）との混同として、神経症を過程（＝欲望的生産）の早すぎる中断として、精神病を空虚（＝器官なき身体）のなかでの過程（＝欲望的生産）の無限の継続ないしは〈過程＝欲望的生産〉の恐るべき悪化として見立てている。錯を過程（＝社会的生産）の目的化（＝再領土化）ないしは過程（＝社会的生産）の目標（＝新しい領土性）との混同として、精神病を空虚（＝器官なき身体）のなかでの過程（＝欲望的生産）の無限の継続ないしは〈過程＝欲望的生産〉の恐るべき悪化として見立てている。

▼3　〈社会野（＝相互に区別された諸々の心像としての人物と心像としての私）は階級（＝諸々の心像としての私は階級に属している）を私は意識している。このとき、〈私は階級に属している〉意識内容についても同様に考えることができる。〈社会野（＝相互に区別された諸々の心像としての人物と心像としての私を全体化し統一した全体・統一性）である〉を、つまり〈私（＝心像としての私）は階級（＝諸々の心像としての私）は階級に属している〉という意識内容もまた、私がなくなると消失するはずである。なぜならば、意識内容は私の意識内容として私に現実化されており、意識内容が存在すれば私も存在するので、私が存在しなくなれば意識内容として私に現実化されており、意識内容が存在すれば私も存在するので、私が存在しなくなれば意

識内容もなくなるからである。

▼4 ドゥルーズ＝ガタリによれば、複数の接続的総合の離接的総合において、器官なき身体は〈これであれ、あれであれ〉という離接の形式であり、諸器官が存在せず死んでいるので、「死のモデル（modèle de la mort）」とされる。また、器官なき身体のもとで、主体がある欲望機械から別の欲望機械へと移行することで生まれ変わることは、主体が死んで新しい主体として再生することだから、「死の経験（expérience de la mort）」とされる。そして、オイディプス・コンプレックスを基体とする私と社会野との相関において、オイディプス・コンプレックスは、イメージとしての父とイメージとしての母と私とが一体化している未分化状態であり、別様にいい換えれば「ナルシシズム（narcissisme）」と呼ばれる私がイメージとしての父とイメージとしての母と一体化することで死んで形成された未分化状態であり、ナルシシズムという私の死であるがゆえに、死のモデルにもとづいた「死の本能（instinct de mort）」＝「タナトス（Thanatos）」とされる。以上から、過去の姿が死の本能とされ、現実原則にしたがった自己保存（＝自我欲動（pulsions du moi））と快感原則にしたがう愛（＝性欲動（pulsions sexuelle））とからなる「生（vie）」（＝「エロス（Eros）」）を達成しようとする私が、スキゾ分析の破壊的な課題と機械技術的な課題によって、死のモデルを備えたスキゾに変容することは、死を「スキゾフレニー化する（schizophréniser）」といわれる。

▼5 たとえば、発狂したニーチェ（つまり自然人）は、〈歴史人は生成する〉を感じ（＝消費し）、ドイツの作曲家ヴァーグナー（Wilhelm Richard Wagner, 1813-1883）の妻コジマ・ヴァーグナー（Cosima Francesca Gaetana Wagner, 1837-1930）宛ての手紙のなかで、以下のように表現している。「私が人間であるということは、一つの偏見です。しかし私はすでにしばしば人間どものあいだで生きてきました。そして人間の体験することのできる最低のものから最高のものまですべてを知っています。私はインド人のあいだでは仏陀で、ギリシアではディオニュソスでした、——アレクサンダーとシーザーは私の化身で、同じものでは詩人のシェークスピア、ベーコン卿。最後にはなお私はヴォルテールであったし、ナポレオンであったのです。多分リ

ヒァルト・ヴァーグナーでも……しかし今度は、勝利を収めたディオニュソスでやってきて、大地を祝いの日にするでしょう……時間は存分にはないでしょう……私のいることを天空は喜ぶことでしょう……私はまた十字架にかかってしまったのだ……」（フリードリッヒ・ニーチェ『ニーチェ書簡集Ⅱ　詩集』塚越敏・中島義生訳、筑摩書房、一九九四年（一九八〇年）、二八二－二八三頁）。

▼6

欲望が社会的生産に備給することで、〈社会的生産と欲望〉という接続的総合が形成される。また、〈欲望と社会的生産〉という接続的総合が形成されるのは、欲望が社会的生産に備給することによってである。この備給は前者の備給に対して、「逆備給（contre-investissement）」ともいわれる。また、〈社会的生産と欲望〉という接続的総合と〈欲望と社会的生産〉という接続的総合とは、単に相違するばかりでなく、両者のあいだに際立った対照性が認められることに関しては、後の「スキゾ分析の第四命題」で明らかになるだろう。

▼7

欲望による社会的生産に対する備給、家族による社会的生産に対する備給、利害による社会的生産に対する備給、家族による社会野に対する備給、欲望による社会的生産に対する備給（＝逆備給）にまつわる諸々の接続的総合は、次のようにイメージされる。

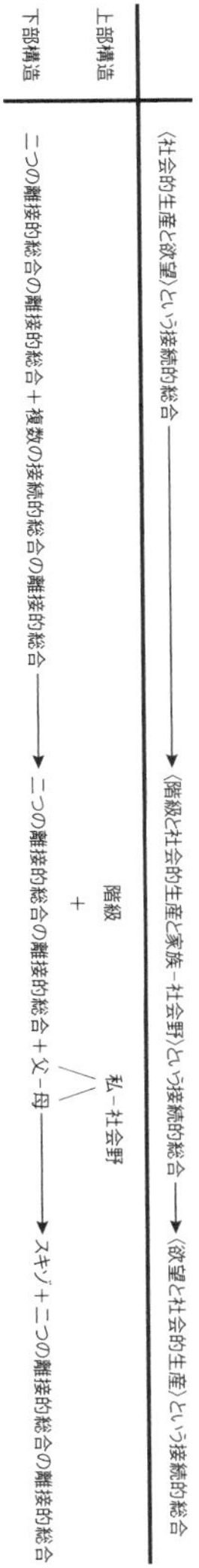

▼8

〈労働力の流れと生産手段〉という接続的総合がもつ生産力が高くなると、それに合わせて、生産物に加工される労働対象の分量が増加して、生産手段の価値が増え、それに反比例して、労働者が売った労働力の流れの価値（＝労働者が受けとった賃金の流れの価値）が減る。そのため、労働者が売った労働力の流れの価値（＝労働者が受けとった賃金の流れの価値）に対する生産手段の価値の比率が、（生産力が一定のままであれば一定であるので）生産力が一定であるそれ以前と比べて高くなる。このような労働者が受けとった賃金の流れの価値の減少が意味するのは、失業者が発生し、相対的過剰人口(=失業人口)が形成されたということにほかならない。こうして形成された相対的過剰人口の存在は、現役の労働者が得る賃金の流れの分量を押し下げるように作用することになり、(現役の労働者と失業状態の労働者を含む)労働者の貧困化を引き起こす。それゆえに、〈労働力の流れと生産手段〉という接続的総合がもつ生産力が高い場合、その高い生産力によって規定された(利害から生まれた)意識内容は、〈私は(貧しい労働者の現れである)貧しい被支配階級に属している〉という意識内容になる。それとは反対に、低い生産力によって規定された(利害から生まれた)意識内容は、〈私は(恵まれた労働者の現れである)恵まれた支配階級に属している〉という意識内容になると考えられる。だから、〈労働力の流れと生産手段〉という接続的総合がもつ生産力が高くなるにつれて、〈私は支配階級に属している〉という意識内容から、〈私は被支配階級に属している〉という意識内容へと傾斜していくことになる。このことは、私が、みずからが属している階級を自覚しない段階から、それを自覚する段階へといたることとして捉えることができよう。

▼9

▼8で述べたように、〈労働力の流れと生産手段〉という接続的総合がもつ生産力が高くなるにつれて、〈私は支配階級に属している〉という意識内容から、〈私は被支配階級に属している〉という意識内容へと傾斜していく。二つの離接的総合の離接的総合のもとで、〈労働力の流れと生産手段〉という接続的総合がもつ生産力が発展していくことが、必然的だとするならば、集団または欲望による社会的生産に対するパラノイア的反動的ファシズム的な無意識的備給に依拠した、階級または利害による社会的生産に対する反動的な前意識的備給ないしは階級または利害による社会的生産に対する革命的な前意識的備給から、集団または欲望による社会的生産に対するスキゾフレニー的革命的な無意識的備給への移行は、以下のようになるだろう。集団または欲望による社会的生産に対するパラノイア的反動的ファシズム的な無意識的備給→(社会的生産による欲望に対する脱備給→家族による社会的生産に対する備給→)階級または利害による社会的生産に対する反動的な前意識的備給→(社会的生産による支配階級に対する脱備給→)階級または利害による社会

的生産に対する革命的な前意識的備給↓(社会的生産による被支配階級と家族－社会野に対する脱備給↓)集団またはは欲望による社会的生産に対するスキゾフレニー的革命的な無意識的備給という移行が、それである。

終章　『アンチ・オイディプス』の哲学

乳児論的唯物論と社会論的唯物論としての機械状唯物論

ここにいたってついに、『アンチ・オイディプス』での議論の総体をパラフレーズすることを完遂する。そして、このパラフレーズによってあらためて構築し直されたのは、乳児論的唯物論、精神分析理論、社会論的唯物論、スキゾ分析理論という四つの理論である。そのさい、本書序章で言及したように、観念論という考え方を本質とする精神分析理論の成立に先立つ条件として想定されるのは、唯物論であり、本書第一章から第三章までの論述のとおり、乳児論的唯物論と社会論的唯物論に依拠しつつ、乳児論的唯物論に取って代わって精神分析理論が立ち上がり、本書第四章で見たように、スキゾ分析理論は社会論的唯物論を未来に向けて開く。

したがって、乳児論的唯物論と、スキゾ分析理論により未来に開かれた社会論的唯物論こそが、精神分析理論の成立に先立つ唯物論ということになる。それゆえに、乳児論的唯物論、精神分析理論、社会論的唯物論、スキゾ分析理論という四つの理論の再構築が意味するのは、精神分析理論の成立に先立つ唯物論という原理論を、乳児論的唯物論と、スキゾ分析理論により未来に開かれた社会論的唯物論として再構築することなのだ。

このようにして再構築された乳児論的唯物論は、欲望機械を基本単位とした唯物論であり、スキゾ分析理論により未来に開かれた社会論的唯物論は、社会機械を基本単位とした唯物論であることから、両者を総称して「機械状唯物論」と呼ぶことにしよう。そう呼ぶとき、精神分析理論の成立に先立つ唯物論という原理論を、乳児論的唯物論と、スキゾ分析理論により未来に開かれた社会論的唯物論として再構築することは、機械状唯物論という原理論を再構築することといい換えることができることから、本書のこれまでの論述は、機械状唯物論という原理論を再構築したことになる。しかしそれにしても、この再構築によって、一体何が成し遂げられるのだろうか。

再構築された機械状唯物論にもとづくことで、精神分析理論が構成され成立することは、すぐ右でおこなった本書の議論の整理からいうまでもない。そのため、機械状唯物論は、精神分析理論の本質的な考え方をなす観念論を構成し成立させる根源として捉えることができ、その観念論は本書序章から了解されるとおり、カント以来の哲学的思惟を全面的に支配してもいる。こうしたことから、機械状唯物論の再構築によって成し遂げられるのは、以下の四点である。

①機械状唯物論が、カント以来の哲学的思惟を全面的に支配している観念論から遡行し立ち返ることができる原初の理論的根源であると見定めること、②機械状唯物論から観念論が立ち上がり生成するメカニズムを明示すること、③機械状唯物論を、従来の観念論とは異なった新たな哲学的思惟として提起すること、①②③を総合して④〈機械状唯物論＝原初の哲学的根源＝新たな哲学的思惟〉という等式を定立すること、これらである。カント以来の近現代哲学には、機械状唯物論という原初の哲学的根源を見出すことができるがゆえに、カント以来の近現代哲学は機械状唯物論から造形され発出してきたものとして捉え返すことができ、その機械状唯物論が逆説的にも、カント以来の近現代哲学を超克する来るべき新たな哲学的思惟を形成するというわけである。

機械状唯物論という『アンチ・オイディプス』の哲学

このような到達点に立ちいたった本書での論述を終章として締めくくり総括する本章がしなければならないことは、次のことである。本書のいままでの考察にもとづきながら、機械状唯物論という『アンチ・オイディプス』の哲学をあらためて簡潔に語り直すことが、それに当たる。

原始共同体（＝延長システム）がいい伝える神話にしたがうならば、理論上の最初の人間は、あたかも植物のように大地から発し生まれてくるものと想定することが可能であろう。この大地から発現した最初の人間について考えるさいに参照項として役立つのは、われわれにとって身近な生後間もない乳児であるように思われる。たとえば、ステレオから流れる音楽に耳を傾けながら母親の顔を凝視し、その乳房に吸いついている乳児を理論化してみるならばどうか。〈肛門と腸と胃と（吸いついている）口と（吸いつかれている）乳房〉という諸々の欲望機械の接続と、〈（傾けている）耳と（傾けられている）ステレオ〉という諸々の欲望機械の接続と、〈（凝視している）眼と（凝視されている）顔〉という諸々の欲望機械の接続と、〈（傾けている）耳と（傾けられている）ステレオ〉という諸々の欲望機械の接続と、〈（凝視している）眼と（凝視されている）顔〉という諸々の欲望機械の接続といった諸々の接続が、相互に離接し群れをなした多様性が、その乳児の理論化である。

これに並行して、大地から発現した最初の人間もまた、身体的な全体・統一性を著しく欠き、諸々の欲望機械が接続し離接した多様性（＝複数の強度的出自の離接的総合）として理解することができる。諸々の欲望機械が接続し離接した多様性は、人間の一生の最初に位置する乳児のなかばかりではなく、人間の歴史の最初に誕生する人間のなかにも見出されるのだ。

このように、多様性としての人間が誕生するのと連動して立ち現れるのが、それとは鋭い対照をなす存在、すなわち諸器官を全体化し統一した全体・統一性である有機体としての人間である。そうすると、多様性としての人間は、有機体としての人間が自身とは異他的なあり方を呈していることから、それを打ち倒そうとするのに対して、有機体としての人間は、自身の存立を守り維持するために、多様性としての人間を何としてでも大地から追い払わなければならない。

この多様性としての人間の大地からの追放を契機として、有機体としての人間を基本単位とした出自（＝家系）が複数構成され、それらが大地の上に登記され縛りつけられる。いい方を換えれば、大地は多様性としての人間を諸々の出自という諸コードに置き換え、多様性としての人間をコード化するのであり、このコード化にともなって、多様性としての人間を生み出した神なる大地は、所有の対象となる土地へと実体化していく。だから、最初の社会は、土地の上に登記され縛りつけられた諸々の出自としての原始共同体として姿を現し、さらに諸々の出自のあいだに結ばれているのは、新たな有機体としての人間を生産する縁組（＝婚姻）なのである。多様性としての人間と有機体としての人間とのあいだのこのような熾烈な攻防戦、これこそが、理論的な観点から描き出された社会誕生のドラマに相当する。

こうして、諸々の原始共同体が林立すると、それらを所有し支配下に置き、諸コードを超コード化するために、諸々の原始共同体へと到来するのが、専制君主にほかならない。それは、大地から追放されたあの多様性としての人間が、大地の外部である荒野での試練をへて、新たに生まれ変わったものなのである。この専制君主の稲妻のような突然の到来によって、諸々の原始共同体に君臨している超越的な専制君主国家（＝複数の延長システムの離接的総合）が、樹立される。そこで、国家であり法として機能する専制君主がおこなうのは、専制君主による所有と支配から逃れようと試みる諸々の原始共同体を強権的に弾圧し、諸々の原始共同体の自由を求める動きに対して執拗に抑圧を加えることなのである。

そうした強力な抑圧の反動として、諸々の原始共同体は、脱コード化して専制君主による所有と支配からの離反を果たし、その諸々の脱コード化した共同体がついには、専制君主を打倒するにいたる。このときの脱コード化した共同体は、専制君主による所有と支配から解放されているのだから、（土地と貨幣からなる）私有財産を所有しており、生産物を生産する共同体であり、そのような諸々の脱コード化した共同体のあいだでは、商品となった生産物の交換が貨幣を仲介しておこなわれる。

こうして解き放たれ自由を得た諸々の脱コード化した共同体がぜひとも必要とするのは、おのれを適切に規制し再コード化する役目を担った新たな国家である。それゆえに、諸々の脱コード化した共同体は、打ち滅ぼされ失墜した専制君主を原国家（＝モデル）として新たな国家を作り上げ、この新たな国家をみずからに課し取り入れようとする。このような過程をへて成立するのが、諸々の共同体を規制している内在的な進化した国家（＝複数の脱コード化した流れの離接的総合）なのである。

そのとき、諸々の規制された共同体間での商品流通と貨幣流通を前提として、商人資本と高利貸資本が出現する。この商人資本と高利貸資本が付随した諸々の共同体を規制している内在的な進化した国家において、さらにいっそうの自由を目指す脱コード化と脱領土化の運動が起動するとき、社会の新たな局面が立ち上がることになる。その運動とは、諸々の規制された共同体が、脱コード化して進化した国家による規制から脱し、こうして脱コード化した共同体（＝土地の上に登記され縛りつけられた諸々の出自）において諸々の出自が、脱領土化して土地から脱するというものである。

この自由への一連の動きによって、諸々の脱コード化し脱領土化した出自、およびそれにともなって脱コード化し脱領土化した商人資本と高利貸資本が、脱コード化し脱領土化した労働者、および脱コード化し脱領土化した貨幣という形をとって現れてくる。ここで、その両者が偶然にも遭遇し公理系化することをきっかけとして誕生するのがほかでもない、資本主義社会（＝二つの離接的総合の離接的総合）なのだ。

その資本主義社会では、労働力をもった労働者と生産手段をもった貨幣とのあいだの生産関係としての資本が、労働者による生産手段を用いた労働を介して、剰余価値を生み出しつつ再生産される。さらに、このような労働者とパラレルに、オートマティックな機械も労働する。そして、この労働者による労働を介した資本の再生産過程と、オートマティックな機械による労働を介した資本の再生産過程とが、滅び去った専制君主という原国家を準拠枠として形作るのが、それらの資本の再生産過程を規制し再領土化する任務を負った政治的軍事的経済的複合体としての資本主義国家なのである。したがって、内在的な資本主義国家の規制のもとで、個々の資本の再生産過程は無際限に反復され、剰余価値は繰り返し産出されることになる。

このような資本主義国家によって規制された諸々の資本の再生産過程としての資本主義社会が生まれるとともに立ち現れるのが、脱コード化し脱領土化して資本主義社会から逃走した、資本主義社会の外部であり、その外部をなすのは、労働しない存在である乳児である。この乳児は最初の人間と同じように、諸々の欲望機械が接続し離接した多様性（＝複数の接続的総合の離接的総合）として把握されることは、先に確認したとおりである。こうした多様性としての乳児は、資本主義社会の外部であるので、資本主義社会がその多様性としての乳児の存在自体のなかに感じとるものはまぎれもなく、資本主義社会の存立を脅かす革命的な力なのである。

また、多様性としての乳児をその外部とする資本主義社会は、空間的にも時間的にも開かれている。つまり、それは、原始共同体、諸々の原始共同体に君臨している超越的な専制君主国家、諸々の共同体を規制している内在的な進化した国家と同じ空間のなかで共存しており、資本主義社会と同時代的な諸社会が存在するばかりではない。その時代の後に続く未来の時間において、資本主義社会を転覆させようとする革命（＝スキゾによる革命）という運動が勃発し、資本主義社会を転回させ変容させることも、十二分に起こり得るのである。

以上が、機械状的唯物論という『アンチ・オイディプス』の哲学にほかならない。そして、それは、カント以来の近現代哲学の基軸をなす観念論に先立ち、それを生じさせ可能にする原初の哲学的根源であるのみならず、カント以来の近現代哲学の基軸をなす観念論を超え出る新たな哲学的思惟は、そうした機械状唯物論のなかにこそ見出すことができるのである。

あとがき

わが国において、ドゥルーズ＝ガタリの主著『アンチ・オイディプス』を最初に取り上げ正面から論じたのは、浅田彰氏の『構造と力――記号論を超えて』（勁草書房、一九八三年）と『逃走論』（筑摩書房、一九八六年（一九八四年））であろう。そこでドゥルーズ＝ガタリの難解な思想を、軽やかなステップを踏んで横断し、明快に整理してみせた浅田氏の議論は、多くの読者を魅了した。思想書として出版された『構造と力』と『逃走論』は、一般向けに書かれたのではないにもかかわらず、その当時ベストセラーとなったばかりではなく、いまなお読まれ続けている。

『アンチ・オイディプス』の翻訳書（河出書房新社、一九八六年）が出版されたのは、浅田氏の先駆的な著書の後ほどなくしてであった。その市倉宏佑氏による配慮の行き届いた丁寧な翻訳書によって、私たちは『アンチ・オイディプス』を日本語で読めるようになった。さらに、浅田氏の深い考察を受け継ぐ、『アンチ・オイディプス』に関連した優れた入門書、解説書や研究書が、数多く世に出た。宇野邦一氏による新訳（河出書房新社、二〇〇六年）も刊行され、近年では仲正昌樹氏が『ドゥルーズ＋ガタリ〈アンチ・オイディプス〉入門講義』（作品社、二〇一八年）を上梓し、『アンチ・オイディプス』で語られた思想を丹念に読解することに成功している。本書は、これらの先行的な論考から多くを学んでいる。そうした論考を公に発表されたすべての研究者に謝意を表したい。

多くの先行する論考に支えられて成立した本書は、特別な予備知識をもたない一般の読者にも理解可能なように構成された、『アンチ・オイディプス』の解説書として位置づけられよう。その本書において試みたのは、『アンチ・オイディプス』の議論を図式的かつ体系的にパラフレーズすることで、そこで展開された理論を機械状唯物論として再構築することであった。それは、ドゥルーズ＝ガタリの哲学を、マルクスとエンゲルスの史的唯物論の企図を継承しつつ、カント以降の近現代哲学のなかで通奏低音として流れている観念論を批判する機械状唯物論として捉えることでもある。

この機械状唯物論は、私の専門である教育哲学の立場からすれば、次のような教育理論として読み替え翻案することができるのではないだろうか。それは、乳児論的唯物論と（精神分析理論の基調をなす）観念論との接点としての教育理論である。そして、その教育理論が明らかにするのは、乳児が社会を打ち倒そうとする革命的な力を潜在的にもっている諸機械であるがゆえに、社会がそうした諸機械を私という人間へと馴致させようとする乳児と社会との闘争という側面が、教育にあるということである。

こうした機械状唯物論がもつ、教育理論への読み替え可能性が意味するのは、以下のことである。本書の大きな特徴は、とりわけ乳児論的唯物論に見てとれるように、ドゥルーズ＝ガタリの哲学を読み解くさいによって立つ視座の一つとして、私の専門である教育哲学という学問的視座を採用したこと、これである。私に教育哲学という学問の醍醐味をお教えくださった恩師である矢野智司先生、皇紀夫先生、田中毎実先生に深謝申し上げたい。

このような特徴をもって書き上げられた原稿の最初の読者が、妻の美砂であるのは、前著『ドゥルーズ『差異と反復』を読む』（作品社、二〇一九年）のときと同じである。妻には、よく理解できない論述箇所を指摘してもらった。そうした指摘のおかげで、幾度となく繰り返し書き替え工夫し、平明な表現に改めることができたと思う。また、休日に、高校生になった娘の理沙に、数学や物理などの勉強を教える経験は、他者にわかりやすい言葉で伝えることがいかに大切であるかをつくづくと実感する絶好の機会となった。私の執筆にさまざまな形で協力してくれた妻と娘に感謝したい。

そして最後に、作品社の福田隆雄氏には、前著と同様に本書の出版で大変お世話になった。福田氏に原稿を読んでいただき評価してもらえたことは、著者としては何よりも心強かった。本書が世に出るために尽力してくださった福田氏に深く感謝し、衷心より御礼申し上げる。

二〇二二年四月

森田裕之

【著者略歴】
森田裕之（もりた・ひろゆき）
大谷大学教授。1967年生まれ。
京都大学大学院教育学研究科博士後期課程研究指導認定退学、博士（教育学）。
名古屋芸術大学准教授をへて、現職。専門は、教育哲学。
主な著作に、
- 『ドゥルーズ＝ガタリのシステム論と教育学――発達・生成・再生』（学術出版会、2012年）
- 『贈与－生成変化の人間変容論――ドゥルーズ＝ガタリと教育学の超克』（青山社、2015年）
- 『ドゥルーズ『差異と反復』を読む』（作品社、2019年）

ドゥルーズ＝ガタリ『アンチ・オイディプス』を読む

2022年 9月 20日　第1刷印刷
2022年 9月 25日　第1刷発行

著　者　森田裕之
発行者　福田隆雄
発行所　株式会社 作品社
〒102-0072 東京都千代田区飯田橋 2-7-4
電　話　03-3262-9753
ＦＡＸ　03-3262-9757
https://www.sakuhinsha.com
振　替　00160-3-27183

装　幀　小川惟久
本文組版　米山雄基
印刷・製本　シナノ印刷㈱

ISBN978-4-86182-932-1 C0010